多元的自己の心理学

これからの時代の自己形成を考える

杉浦 健 著

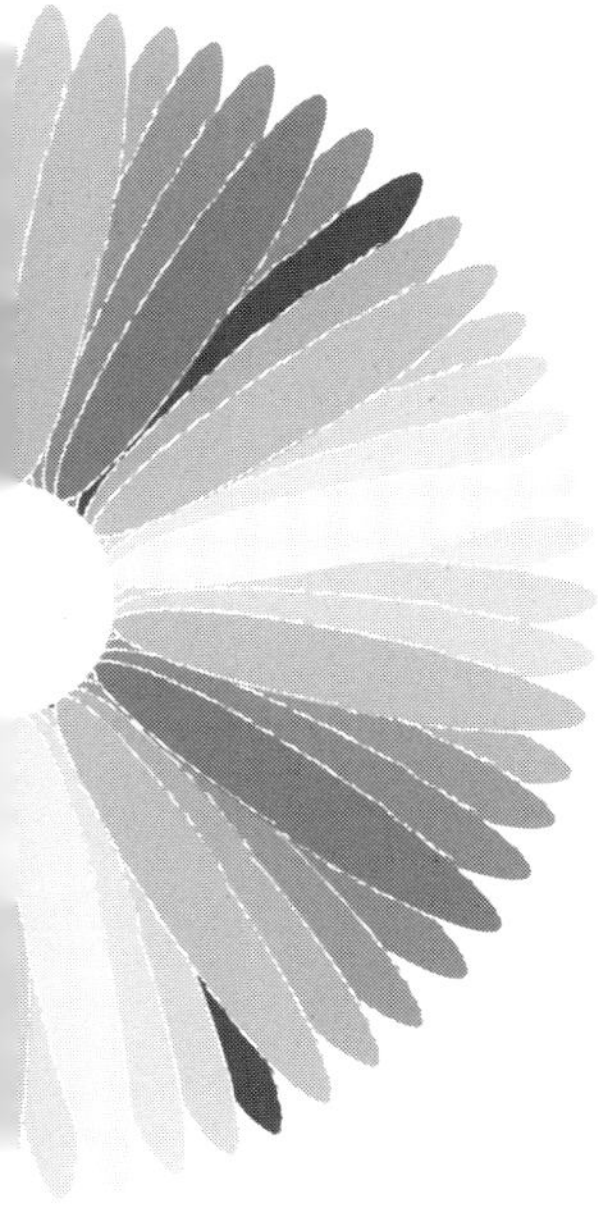

金子書房

まえがき

従来、〈自己〉〈アイデンティティ〉は、時間・空間・文脈を超えた一貫性、統一性を有するものと広く認識されていました。たとえば、アイデンティティの形成が青年期の課題であるとしたエリクソンは、「アイデンティティとは、（否定的なものも含む）すべて以前の同一化（自分にとって重要な影響力を有する人との一体感または同一視）や自己像の統合を意味」（傍点筆者）すると語っています（Erikson 1967）。その意味で、自己やアイデンティティは一元的な統合されたものでした。

しかし、現代の若者を中心に、関係や文脈に応じて柔軟に変化する顔を持ち、それぞれのどれもが「本当の自分」であるという自己・アイデンティティのあり方が見られるようになりました。かつてはアイデンティティの「拡散」と考えられていた状態が、むしろ適応的な自己やアイデンティティのあり方となっている状況があるのです。たとえばハーマンスは、対話的自己という概念を提唱し、さまざまな立場を持った自己同士が対話することで、私たちの自己がちょうど社会のように保たれていると主張しています（Hermans & Kempen 1993）。現代の自己やアイデンティティは、一元的には統合されない多元的な性質を持った「多元的自己」であると考えられるようになってきたのです。

筆者は転機の研究やナラティブ（語り）の研究を重ねるうち、自己の成り立ちに外界や他者との相互作用のトートロジー的循環関係が関わっていること、私たちがさまざまな分野において、外界や他者と循環的に相互作用を結んでいる以上、必然的に自己が多元性を持つ（多元的に自己が立ち現れる）ことに気づきました。現代に生きる私たちは、決して一元化されない自己群を自らの中に抱えつつ、時と場合、ライフサイクルの場面場面において多元的な自己のバランスを整え、一元的ではないにせよ、それなりに統一されたアイデンティティの感覚を保っているのです。

本書では、これらを説明する新しい包括的な自己モデル「循環によって立ち現れる多元的自己のプロセスモデル（多元的循環自己）」を示すことで、自己の成り立ちのプロセスや、自己の多元性とアイデンティティとの関係、多元的循環自己の観点から見たさまざまな心理的概念のとらえ直し、セルフコントロールのあり方、これからの自己形成やアイデンティティのあるべき姿について述べていきたいと思います。

目次

まえがき　i

第Ⅰ部　「循環によって立ち現れる多元的自己のプロセスモデル」の提唱

第1章　循環によって立ち現れる自己　2

1　新しい自己モデルの目指すもの　2

2　「多元的循環自己」提唱までの研究プロセス　9

3　本書の構成　12

第2章　自己は循環によって立ち現れる　16

1　循環によって立ち現れる自己――これまでの筆者の研究から　16

2　循環によって立ち現れる自己――ベイトソン・家族療法から　26
3　循環によって立ち現れる自己――実証的研究に対する疑問から　40

第3章　循環によって立ち現れる多元的自己のプロセスモデルの全容　43

1　循環によって立ち現れる多元的自己のプロセスモデル（多元的循環自己）　43
2　循環が意味するもの　46
3　自己の多元性　55
4　外に開かれた循環の軌跡の重なりとしての自己　69

第Ⅱ部　多元的循環自己から見えてくるもの
心理的概念・心理療法のとらえ直し

第4章　多元的循環自己から見たアイデンティティ　83

1　多元的循環自己から見たアイデンティティ形成　83

2　新たな循環の軌跡の重なりとしての自己変容　101

第5章　多元的循環自己から見た心理療法　108

1　多元的循環自己から見た家族療法　109
2　多元的循環自己から見たナラティブ・セラピー　112
3　多元的循環自己から見た論理療法・認知療法　116
4　多元的循環自己から見たマインドフルネス認知療法　122
5　多元的循環自己から見た森田療法　124

第Ⅲ部　新しい自己モデルを生かす

第6章　多元的循環自己に基づく効果的なセルフコントロール　136

1　多元的循環自己に基づいたセルフコントロールとは？　136
2　悪循環の解消を目指したセルフコントロール　138

3 多元的循環自己の観点から見たセルフコントロール 148

第7章 これからの自己形成やアイデンティティのあるべき姿 156

1 多元的循環自己から心理的成長を考える 156
2 多元的循環自己から考える自己のあるべき姿 162
3 多元的循環自己から見た学校と教育のあり方への示唆 166

引用文献 175
あとがき 185

第Ⅰ部

「循環によって立ち現れる多元的自己のプロセスモデル」の提唱

第1章　循環によって立ち現れる自己

1　新しい自己モデルの目指すもの

ライトークのメタファー

「ライトーク（Lightalk）」という商品があるのをご存知でしょうか。ＬＥＤのライトの残像効果を使って文字を浮かび上がらせるライトで、アイドルのコンサートなどで使われ、左右に振るとプログラムされた文字が立ち現れるものです（図1-1）。

ここでひとつ問いを出しましょう。ライトークで現れる文字（たとえば図にあるＬＯＶＥ）を、私たちはなぜ認識できるのでしょうか。それは、私たちの目がライトの残像を認識できるからです。そして、残像が浮かび上がるためには、ライトークが行ったり来たり循環運動をする必要があります。ライトークが動かなければＬＯＶＥという文字を認識することができないのです。いいかえるなら、ＬＯＶＥという文字はライトークの循環運動によって立ち現れてくるということです。

本書では、新しい自己モデル「循環によって立ち現れる多★元的自己のプロセスモデル」（以下、適宜、多元的循環自己と略す）を呈示します。心理学には「自己心理学」と呼ばれる、自己とは何かを明らかにしようとする研究領域があり、さまざまな自己モデルが提唱されています。たとえば、物語自己、自己物語は、「自己とは自分が他者や自分自身に語って聞かせる物語である」というモデルです（Anderson & Goolishan 1992；浅野 2001 など）。また、自己スキーマ（Markus 1977）という「自己とは自分に関する知識体系、すなわちスキーマである」というモデルもあります。この二つの自己モデルは、自己とは何かに答えることによって、自己に関するさまざまな現象の説明や自己に関わる問題への対処の仕方、セルフコントロールのあり方などにヒントを与えます。本書で新しい自己モデル、多元的循環自己を提唱しようとするのも、自己に関するより的確な現象説明やセルフコントロールを可能にすると考えるからです。

図 1-1　ライトーク

多元的循環自己を構築するにあたって大きなヒントになったのが冒頭に示したライトークでした。本モデルでは、ライトークでＬＥＤの残像によって文字が浮かび上がるように、私たちの行動とその結果のフィードバックがライトークの循環運動のように何度も繰り返されることによって、自己が立ち現れてきて認識されると考えます。

私たちが認識する自己は、考えてみるととても不思議で、とらえどころがないものです。私たちは、対象として自己や自分自身を認識できますが、どこかに自己の実体があるわけではありません。ライトークに立ち現れるＬＯＶＥという文字も確かに認識できるものの、どこかに何かの実体があるわけではありません。ここに自己との共通性があります。また、アイデンティティという言葉に代表されるように、私たちの認識する自己には一貫性があるように感じられる一方で、後述する筆者が行ってきた人生の転機の研究が示すように、自分自身が大きく変わったことを経験している人も多くいます。にもかかわらず、大きく変わった自分でも、一貫した自分としてとらえることができます。さらに、私たちは、さまざまな人に対してさまざまな自分を使い分けて見せている――その意味で自己は多元的である――のに、多くの場合、自分がバラバラになることもなく、ある程度統一して感じられる（アイデンティティを感じられる）のはなぜなのでしょう。自分は他の誰でもない自分自身であると感じられる一方で、自分の行動を自分でコントロールできないことも私たちがよく経験することです。このような自己のさまざまな側面をどのようにとらえることができるでしょうか。

これまでのさまざまな自己に関する研究や論では、それぞれ相互に異なる自己の姿が示されています。ある論では、自己とは役割演技であり、社会的に呈示されたものにすぎず、非常に変わりやすいものである（Goffman 1959）とし、ある論では、自己には記憶に基づく根拠があり、呈示する自己は変わってもその根本は変わらないと考えます（Markus 1977 など）。また、私たちの一般的な実感のように、自己と世界は互いに対峙すると考える論があるのに対して、ある論では、自己は環境から独立してとらえることはできず、環境という大きなシステムの一部分であると考えています（Bateson 1972）。

セルフコントロールのための自己モデル

本書では、多元的循環自己を提唱することによって、とらえどころがなく一見矛盾するような自己の姿、特に多元的でありながら、アイデンティティが感じられるという意味で統一されている自己のあり方を説明できる新しい自己の理論・モデルの構築を目指しています。その最終目的を端的にいえば、新しい自己のモデルを提唱することによって、より効果的なセルフコントロールの方法を示すことです。

筆者の関心の源泉は、自分自身のやる気の問題でした。スポーツに取り組んでいる際にスランプになったこともあり、なかなか安定してやる気が出ず、もっとやる気をコンスタントに高く保つためにはどうしたらいいのかを知りたかったのです。いいかえるなら、やる気のセルフコントロールの方法を知りたかったのです。これは今でも筆者の中心的関心で、やる気をコントロールしたり、自分自身を成長させたり、自身の健康管理を行ったり、自分の心をコントロールすることで人間関係を円滑に対処したりするなど、より一般的な意味でのセルフコントロールの方法を知りたいという思いを持っています。

本書で自己モデルを提唱するのも、自分をコントロールするためには自分自身をよく知る必要があるという考えに基づいています。記憶の仕組みやプロセスを知ることができれば、効果的な記憶の仕方をある程度コントロールすることができます。同じように、自己の成り立ちのプロセスや仕組みをより詳しく知れば、より自分をコントロールすることが可能になるでしょう。ひるがえっていえば、自分をよりうまくコントロールできるように自己モデルは構築され理解されるべきで、本書ではそのような自己モデルを構築しようと考えています。

ただし、本書で明らかにする多元的循環自己において、自己の完璧なセルフコントロールは不可能であるという結論が導かれます。セルフコントロールを行うためには、何がコントロールできて何がコントロールできないのかを区別して、コントロール可能なことを的確にコントロールすることが求められるのです。

さて、前述したように、筆者は当初、自分の問題に端を発した、やる気を左右する要因を明らかにしようとする研究を行っていました。その研究過程において、多くの人に人生の中でやる気の大きく変わるときがあること、そこにやる気のコントロールのヒントがありそうだということがわかり、人が大きく変わるきっかけ、「人生の転機」の研究を始めました（杉浦 2005）。人が転機によってどのように変わるのかの考察の中で、そのプロセスが自己がどのようなものなのかを示すことに気づき、それを発展させて自己モデルの構築を目指すようになりました。その意味で本書で提唱する多元的循環自己は、自己を変化のプロセスからとらえたモデルなのです。

多元的循環自己が人生の転機の研究から導き出されたのには理由があります。それは、自己は常に変化をしながら、今の状態を保っているからです。変わっていないように見えても、絶え間ない変化の結果、同じ状態が保たれているということです。だからこそ転機の研究で自己の変化のプロセスを示すことによって、結果的に自己のあり方が浮かんできたのです。本書では、このような変化し続けることで同じ状態を保つ自己のあり方を示していきます。

多元的循環自己の「自己」の定義について

さて、心理学や社会学などの社会科学系の分野では、自己や自我、主我や客我、"I" や "me" "self" "ego"

といった言葉が混在し、一般的に使われる「私や自分」「自分自身」などの言葉も含め、使い分けが難しくなっています。ここで、本書の目指すところを基準として、「自己」という用語について類義語との関係を整理しておきます。

多元的循環自己の「自己」は、認識された自分を意味します。英語でいえば“self”であり、ジェームズ（James 1892）やミード（Mead 1934）のいう“me”＝客我です。つまり、多元的循環自己は、「認識される自分」＝「自己」がどのような構造になっているのかをモデル化したものです。ただし構造といっても、ライトークでたとえたように、そこに実体はなく、そのような構造に見える、もしくはそういう構造と考えると都合がよいものです。つまり、自己に関する現象が説明しやすい、セルフコントロールが可能になりやすいモデルということです。さらに多元的循環自己は、自己をどのように認識するのか、その認識の仕方も含めたモデルになっています。

多元的循環自己が、認識された自分としての自己を対象にするのは、自己をどのようなものとして認識するかによって、私たちの思考、感情、行動が変わってくると考えるからです。私たちは、自分が認識した自分の姿、すなわち自己に影響を受けて行動しており、ときには自己の影響を受けて、こうすればいいとわかっていてもその通りに行動できないことさえあります。わかりやすい例でいえば自己評価です。自己評価が低く、自分に自信がなくて、積極的に行動できないということは、自分が認識する自己像では今後何かをうまくこなせるという確信が持てず、そのような認識によって行動できていないということになります。その意味で自己認識はセルフコントロールの要諦なのです。

認識された自分を自己と考えると、客体としての自己を認識する主体としての私がいます。ミード（Mead 1934）は、認識されるものとしての“me”＝客我と、それを認識する認識主体としての“I”＝主我があるといいます。多元的循環自己でも、自己を認識する主体としての"I"＝主我＝"ego"があることを想定しています。この"I"、主我、"ego"は、行動する主体でもあります。「私が～する」「自分が～する」のときの「私」「自分」もこの認識主体であり、行動主体である"I"です。

本書では、わかりやすいように、できるだけ一般的な言葉、――たとえば「自分」――を使って自己のモデルを説明したいと考えています。本書の中では、認識の主体としての自己には「自分」「私」「自我（主我）」を主に使い、認識された自分については、基本的に「自己」と表現します。ただ、自然な文章の流れで、認識される自己の意味で「自分」という言葉を使うときもあります。たとえば「自分で自分をほめたい」という場合、二つ目の自分は認識される対象ですので、自己と表現するところですが、「自分で自己をほめたい」というのは一般的な言い方ではありません。そのような場合に認識される対象としても「自分」という言葉を使います。

認識主体であり、行動主体である「自分＝"I"＝私」は、自分で認識した自分のあり方、すなわち自己に影響を受けて行動します。私たちの行動レパートリーは、自己に強く制約され、その影響力はかなり強いと考えられます。私たちが自分の思考、感情、行動をコントロールするには、主体としての自分がどのように自己を意識的、無意識的に認識しているのかを知り、その影響を受けながらも、自分にとって最適な思考をし、感情状態をコントロールし、主体として適切な行動をとることが求められます。そのような主体による適切な行動のコントロールを可能にするために、自己モデルを構築し、私たちがどのように自分を認識しているのかをより明確にすることが必要なのです。

先に、物語自己と呼ばれる「自己とは、自分が自分自身や他者に向かって語る物語である」という自己モデルを紹介しました。物語自己の観点から、セルフコントロールを考えると、自己を物語ととらえることで、自分の過去が思い込みでマイナスにとらえられていることに気づいたり、変わらないように思えていたものが変えられるものなのだと考えられるようになったりします。自己モデルが異なれば、自己に対する考え方や自己をコントロールする方法も変わってくるのです。

後述しますが、多元的循環自己は、物語自己の発展版であり、本書では物語自己の考え方を取り込みつつ、より詳細かつ包括的な自己モデルを作ろうと画策しています。

2　「多元的循環自己」提唱までの研究プロセス

ナラティブアプローチによる人生の転機の研究

それではまず、筆者がどのような研究プロセスの中で、自己のあり方、特に本書の重要なキーワードである「循環」で示されるような自己のあり方を発想し、それを自己モデルとして構築しようと考えたのかを簡単に説明します。

筆者の当初の関心は、すでに述べたように動機づけの変化であり、やる気を左右する要因を明らかにし、やる気をコントロールしたいということでした。そのような関心を持って大学の後輩のスポーツ選手や、仕事で関わっている大学生を長く見てきた中で、彼らがスポーツや学業に対する取り組み方を大きく変え、成果を上げるときがあることをしばしば観察しました。後にそのような転換点を彼らの人生の転機ととらえ、転機でやる気を変化させるのはなぜか、人が変われるのはなぜかを明らかにしようと、さまざまな調査を行ってきました（杉浦 2001c, 2004, 2005）。

それらの調査を分析するにあたり、その頃さかんに行われていたナラティブアプローチを取り入れました。アンケートの記述やインタビューの記録を、客観的なデータと考えるのではなく、調査対象者が自らを主観的に語った語り（ナラティブ）ととらえ、語りの特徴や役割、意味を明らかにしようとしたのです。語りの観点から研究を行ったのは、質問紙と統計解析を使った研究法では、人が変わるプ、、、ロセスをどうしても説明できなかったからです。これは、拙著（杉浦 2005）で詳しく説明しましたが、以下にもごく簡単に示します。結果的には、ナラティブアプローチによって転機のプロセス分析を行ったことが、新しい自己モデルを提唱することにつながっています。

質問紙調査の限界とナラティブアプローチの効用

筆者の関心ごとであった動機づけの理論のひとつに原因帰属理論があります（Weiner 1974）。原因帰属理論では、失敗の原因を努力不足に帰属すると、努力すれば結果は変えられると考えられるため、やる気が失われにくいといわれます。努力は自分でコントロールできる要因だからです。一方、失敗を自分の能力や才能のせいにしてしまうと、結果は変えられないという考えに基づき、やる気が失われるといわれます。能力や才能は与えられたもので、変えられないと認知されるからです。この考えが正しいかどうかは、質問紙調査と統計解析から示すことが可能で、実際にそれを支持する結果が得られています。

しかしながら筆者はその結果だけでは満足できませんでした。筆者が知りたかったのは、どうしてある人は失敗を努力不足に帰属できるのか、どうしてそのようなやる気が保たれる思考を持てるようになったのか、逆にいえばなぜ失敗を努力不足に帰属すればやる気が保たれるのにそうしないのか、どうしてそのようなやる気を失う思考を持ってしまったのか、そのような思考を持つようになったプロセスはどうだったのか、などだったのです。このような疑問を持ったのは、筆者の接した選手や学生が、転機によってそれまで失敗を能力不足と考えていたのを努力不足ととらえるなど、考え方の変化のプロセスをコメントしていたからです。

質問紙調査と統計解析を使った研究方法では、そのようなプロセスを明らかにすることが困難でした。インタビューの逐語データで示されている変化のプロセスを統計的に分析することはほぼ不可能だったのです。それに対してナラティブアプローチでの研究は、必ずしも実証的、客観的でないにしても、筆者が明らかにしたかった人が変わるプロセス、すなわち人はなぜどのようなプロセスを経て成長することができるのかが示されていると感じました（杉浦 2005）。人が変わるプロセスは、転機を経験した当人が自らそのプロセスを語ることによって、もっともうまく説明されると感じられたのです。

循環論法から立ち現れる自己

ナラティブアプローチを使った転機の語りの研究から得られた最終的な結論は、「人が変わるのは自分が変わったと語るからだ」でした。研究内容に即していえば、「自分が変わった」とインタビューで答えること自体が、人が変わるのに意味を持つということです。さらに考えを突き詰めていくと、「自分が変わったと認識できるのは自分が変わったと語るからだ。自分が変わったと語ることができるのは、自分が変わったと認識するからだ。自分が変わったと認識できるのは、自分が変わったと語ることができるからだ。自分が変わったと語ることができるのは……（以下、繰り返し）」という循環論法に行き着きました。

この循環論法こそが、本書の自己モデル、多元的循環自己につながっているのです。循環論法に行き着いたプロセスについては、ヒント・参考にした関連研究とともに詳しく後述します。

循環論法とは、「ＡとはＢである。なぜならＢはＡであるからだ」というトートロジーの一種です。トートロジーとは「特に繰り返したからといって何の意味も明瞭さも付け加えないような同じ言葉の繰り返し、同語反復」（『大辞林』）であり、同じことを繰り返すトートロジーは、論理としては何の意味も持たないでしょう。しかしながら、トートロジーをライトークのような循環運動として見ると別の意味が生まれてきます。自己の変化とその語りの循環は、何度も繰り返されることによって、ライトークが文字を浮かび上がらせるように「自己」を浮かび上がらせると考えられるのです。いいかえるなら、自分が本当に変わったかどうかは、因果関係に基づくような根拠はどこにもないにもかかわらず、何度も自分が変わったという認識とその語りを繰り返すことで、変わった自分が立ち現れてくるということです。この考え方が本書で示す自己モデルの一番の特徴で、「循環によって立ち現れる自己」（以下、適宜「循環自己」と略す）と名づけたゆえんです。

3　本書の構成

人生の転機の研究で見出された自己の変化の認識とその語りの循環論法の観点、ライトークのメタファーは、新しい自己モデルを提唱する一番のきっかけとなりましたが、それらに加えてさまざまな先行研究が、自己が循環運動によって立ち現れるという考え方を提唱するにあたり有形無形のヒントとなりました。またその後、関連理論・関連研究を精査したところ、思いのほか多くの理論が自己認識の循環運動によって私たちの心理状態が構成されると考えていました。本書では多元的循環自己の提唱によって、発達理論や自己形成の理論、心理療法の理論や方法など、さまざまなセルフコントロールに関わる理論・研究の整理もしていきます。多くの理論と多元的循環自己との共通性を浮かび上がらせることによって、間接的に多元的循環自己の妥当性を示すことになると思われます。

ここで本書の構成を示しておきましょう。まず第２章において、筆者のこれまでの研究やさまざまな分野での先行研究を示し、なぜ自己が循環運動によって立ち現れるといえるのか、その根拠について三つの観点から見ていきます。一つ目は、筆者が行ってきた大学生の転機の研究、そしてスポーツ選手の転機を調べたインタビュー研究の結果から得られた自己の変化とその語りの循環論法の考え方です。これは先ほど簡単に述べましたが、特にナラティブアプローチから循環論法に行き着いたプロセスをさらに詳しく見ていきます。二つ目が、本書の自己モデルと類似性の高い家族療法とその源流であるベイトソンのサイバネティクスとシステム論の視点です。加えて、システム論的な自己のとらえ方をしている研究をいくつか紹介します。三つ目が、因果関係を説明原理とする心理学の実証的研究のあり方への疑問の視点です。

その後で、第３章において本書で提唱する自己モデル、「循環によって立ち現れる多元的自己のプロセスモデル（多元的循環自己）」を呈示し、重要な二つの特徴を説明します。一つ目は本モデルのもっとも重要な特徴である「循環」がどのようなものであるのかという観点です。「循環によって立ち現れる自己（循環自己）」は本モデルの基礎単位で、たとえるならば生体における細胞のようなものです。「循環によって立ち現れる自己」を説明することは生体における細胞の成り立ちを説明することにたとえることができます。二つ目は、自己が多元的に立ち現れるという自己の複数性の観点です。細胞が集まって私たちの身体を形作るように、「循環によって立ち現れる自己」が集まって私たちの総体的な自己、すなわち多元的循環自己が立ち現れ、認識されます。三つ目は、自己が外に開かれたシステムであるという観点です。細胞が外界とのやりとりを通じてその機能を保つように、私たちの自己も他者も含めた外界と関係しながらその状態を保っています。これら三つの観点はそれぞれ、セルフコントロールの方法につながる特徴です。

続いて第4章～第7章では、提唱した多元的循環自己の観点から、自己に関連した現象、たとえばアイデンティティや心理療法、セルフコントロール、心理的成長のあり方などについて、それぞれどのような説明ができるのかを示します。

第4章では、多元的循環自己の成り立ちとアイデンティティの関係について、自己が多元的でありながら、アイデンティティ、すなわち自己の統一を感じられるのはなぜかを明らかにしていきます。第5章での心理療法についでは、私たちの心理状態が語りと自己認識の循環によって保たれているという考え方が、さまざまな心理療法の理論に含まれていることに焦点を当てて示します。第6章では多元的循環自己に基づいたセルフコントロールのあり方について言及します。セルフコントロールのみならず、私たちが自己に対してとるべき姿勢についても示していきます。

最終第7章では、まとめもかねて、多元的循環自己の視点から心理的成長と自己形成のあり方やあるべき姿について示します。またそこから導き出される学校や教育のあり方、キャリア形成や生涯発達のあり方にも言及します。

★ これまで筆者は自らの論文において、自己の複数性を「多面的自己」と表現してきましたが、本書ではそれを「多元的自己」という表現に改めます。どちらも英語では「multiple selves」ですが、ここで表現したかったのは自己が単一（single）なものではなく、さまざまな分野、さまざまな対人関係によって多数立ち現れるということであり、対義語が「一面的」となる「多面的」よりも、「一元的」（一つの中心によって全体が統一されているさま：『大辞林』）となる「多元的」の方が適切と考えたためです。

第2章 自己は循環によって立ち現れる

1 循環によって立ち現れる自己——これまでの筆者の研究から

転機の語りと自己の成長の循環関係

はじめに新しい自己モデルを提唱するに至るまでの筆者の研究の流れを示します。多元的循環自己のもっとも重要な考え方である「自己は循環によって立ち現れる」と発想したきっかけは、「大学生の自己と生き方」という一連の共同研究の中で行った、大学生の転機の調査でした（杉浦 2001c）。大学生を対象にして人生の転機の経験があるか、あるとしたらいつのどんな出来事か、転機の前後でどのような変化があり、それによって自分がどのように変わったか、その理由はなぜか、などを記述してもらう素朴な調査でした。

その結果から見えてきたのは、人は主観的に自分が成長したと思うことで、実際に成長することができるのだろうということでした。一人の女子学生の記述をあげましょう（杉浦 2001c）。

1．高校２年のとき、友達に出会って、すごい自分の考えに筋が通っていて、自分はこういうふうに思っているってはっきり言える人。

2．出会う前は相手に嫌われるのが怖くて人に流されて知らず知らずのうちに自分を殺していたかもしれない。出会った後は自分の考えを持てるようになってはっきりこうだ！と言えるようになった。考えに筋が通ったと思う。

3．自分は自分というふうに考えられるようになった。自分の意見がはっきり見えてきて相手に主張できるようになり、そうすることによって相手の考えも聞けて見方が広がったし考え方も広がった。

4．今以上にそれまでの（出会うまでの）自分に満足してなくて、どっかで変わりたいと望んでいたからだと思う。だからその子と話していたときうらやましいと思った。

＊注　1～4は記述調査で質問した項目です。1は、転機がいつのどんな出来事だったか、2は転機前後でどのように変わったか、3はそのような変化が現在の自分にどう影響しているか、4はどうして変わったのかの理由です。

どんな記述調査でもいえることですが、自分が成長したという記述や報告はあくまで主観的なもので、実際に成長したかどうか、客観的に保証されたものではありません。しかしながら記述を分析すると、そこには成長したと報告するそれなりの根拠があることがわかります。

この例でいうと、彼女が変わったのは直接的には自分の意見をはっきり言える友人に出会ったからです。ですが、彼女が調査で自分が成長したと語ることができるのは、その出会いから引き続いて、自分の意見を主張することができ、相手の考えも聞けたという経験をしたからです。もしそれらの経験がなければ、この友人に出会って変わったという転機は存在しなくなってしまいます。

たとえば、転機があって積極的になったと語った人は、転機のきっかけがどのようなものであろうと、そのきっかけからそのように語る前までに積極的に行動したという経験をおそらく何度もしているはずです。また、自分が積極的になったという主観的な認識を通して、今後も積極的に行動することになるでしょう。そして、再び積極的な行動ができたと感じられることによって、自分が積極的になったことをよりはっきりと認識することができるようになるでしょう。

つまり、自分が積極的になったと語る、もしくは自分で積極的になったと認識するだけでも、その語りや認識を根拠にした行動とその結果のフィードバックを媒介にして、自分自身がさらに積極的になっていくことがありうるのです。ここに転機の語りと成長した自己との間に循環関係があることがわかるでしょう。逆にいえば、ある人に出会い、もっと積極的になろうと思っても、その後積極的に行動できなかった場合、つまりは積極的に行動し続け、積極的になったと認識し続けるという循環運動が起こらなかった場合には、その出会いは転機にはならず、転機として語られないということです。

このように考えると、人が客観的に変わったととらえられるのは、自分が変わったという主観的認識に従って行動パターンが変わり、成長した行動パターンが自分は変わったのだという主観的認識を強化し、さらに主観的認識が行動パターンを変える……、このような主観的認識と行動との循環のプロセスがあって、変容した行動が外から観察されるからだと考えられます。循環のプロセスによって起こった主観的な変化が客観的な行動変化をもたらすといっていいでしょう。

「思い込み」がもたらす成長

もうひとつ、スポーツ選手に転機を語ってもらったインタビューの例をあげます（杉浦 2004）。

「じゃあお前、辞めるんだったら３年生になってから辞め、３年生になったら誰もなんも言わないよって、初めはそうやって３年になったら辞めようってそのときは思ったんですけど、そっからですね、変わったと。なんか、今まで嫌いだった先輩とかと仲良くなりはじめて、自分が、あの時先輩とか集まって話してなかったら、今の自分はないんじゃないかって思ったし、あと、なんか１年の初めっていうか、自分が情けなくなったっていうか、あーなんだこんなんで悩んでたんだっていうのがあったし。嫌いな先輩とかと仲良くなれて、逆に気にいられて、お前変わったな言われて、自分何変わったのかわかんないんで、ただ今は楽しくてっていうのがあったし。ほんとに楽しかったし、うん、精神的に強くなったかなって思いますね……」

「そうですね、ほんとに楽しいですね、やってて、嫌なことも忘れるくらいですからね、不思議ですよ。一人だけの先輩に、変わったな、じゃなくて、周りの友達とかにも言われたし、部活以外の友達にも言われたし、親にも言われたし、高校のときから親許離れてるんで、やっぱ仕送りとかそういうのがあったりして、お金が足りんとか、そういうことでしょっちゅう電話で喧嘩してたんですよ。……だけど、1年のあんときに変わって、そっから親とも喧嘩もないですね、1回も」

「もう2年になって、3年になったら辞めようとか考えないですよ、もうずっとやってきたいってあったし、もう1年のときは3年になる前に辞めるみたいな、春休みが来たら辞めるって。今は、そういうことも考えないじゃないですか。たとえメンバーに入れなくても、チームに貢献したい、何か残したいって。今しかできないことやろうってのがあったし。実際学校とか辞めてたらそういうこと経験しないんで。ほんとに辞めなくてよかったなって。あ、こんな楽しいんだ大学は、部活は、って感じました、ぼくは。もう胸に引っかかってる思いとか全部なくなったんですよ。のびのびしてやれるようになったし。自分が変わってくれば、周りも変わってくるし、親も変わってくるし。あ、これなんだなっていう。これが学生生活なんだなって」

ナラティブ・セラピーの理論的分析を行ったアンダーソンとグーリシャン（Anderson & Goolishan 1992）は、「人は他者とともに作り上げた物語的な現実によって自らの経験に意味とまとまりを与え、そうして構成された現実を通して自らの人生を理解し、生きる」と述べています。

この考えに基づき、上記のスポーツ選手の転機の語りを考えると、彼は転機をきっかけにして成長し、その成長を保っているという「物語的な現実」によって自らを理解しているといえます。わかりやすくいうと、彼は転機を語ることで自分が成長したと「思い込んでいる」ということです。そして、思い込みに基づいて行動し、結果的に自らが成長していることを確認しているのです。また、「たとえメンバーに入れなくても、チームに貢献したい、何か残したいって。今しかできないことやろうって」と語られた思いに基づいて行動することで、その姿は周囲の人にも成長したものとして映るのです。そして、「一人だけの先輩に、変わったな、じゃなくて、周りの友達とかにも言われたし、部活以外の友達にも言われたし、親にも言われたし」というような周囲の人からのフィードバックによって自分が成長したことに確信を持てるようになり、さらに語りに基づいた成長した行動を続けられるようになっているのです。

このように、人は自分が成長したと思い込むことによって、つまり本当に成長したかは別にして、成長したと主観的に認識することによって、主観的認識の「思い込み」に基づいた行動の結果のフィードバックを受けることになります。そのフィードバックを受けて自分が成長したと確信することができ、さらにそれをもとに自分が変わったと語るという循環するプロセスを通して、人は心理的に成長できると考えられるのです。

循環の軌跡が自己の輪郭を作る

このような転機のプロセスを考えると、転機となった出来事を経験した時点では、どれほど衝撃的な出来事だったとしても、転機になるかどうかはいわば「仮説」に過ぎません。行動の結果のフィードバックや他者からの反応、自分自身の語りなどの循環運動で増強されつつ、いわば「検証」されてはじめて自分が変わったという転機になるといえます。

この循環関係の形成のプロセスを図示すると、図２-１（次頁）のようになります。図２-１は、これから示す自己モデルの一部をなしています。循環の軌跡の行きが自分の行動、帰りが他者や環境からの結果のフィードバックの記憶痕跡を表します。自分がある行動をしたら、こんな結果が返ってきたという経験の記憶が何回も重なることで、濃い循環の軌跡、すなわち自己の輪郭が浮かび上がってくることを示しています。先のスポーツ選手の例でいうと、行動とその結果のフィードバックの循環の軌跡が重なることで、成長した自己の輪郭がしだいに浮かび上がってくることを意味します。

語りと自己構成の循環によって立ち現れる自己

ここまでの議論で、ひとつ疑問を持ち出すことができます。転機の経験は、経験を語るときよりも、時間的に前ですから、循環関係を持ち出さなくとも、「転機の経験」→「成長」という因果関係を想定すればこと足りるのではないかということです。心理学の実証的研究では因果関係を仮定して行われることが多くあります。たとえば「転機の経験が大学生の成長に与える影響」という実証研究を行うことが考えられます。その研究自体はやり方次第で十分に意味あるものになりますが、実際には転機の経験と成長との関係は、単純な因果関係で表せるものではありません。

極端な思考実験をしてみましょう。自分が成長したという転機を語った者が、その後、恋人を交通事故で亡くした経験をしたとします。そうすると、かつて語った転機の出来事は、恋人が亡くなったという出来事からすれば取るに足りないものになってしまい、そのとき、転機についての調査を受けたなら、かつての成長の経験は語られないでしょう。

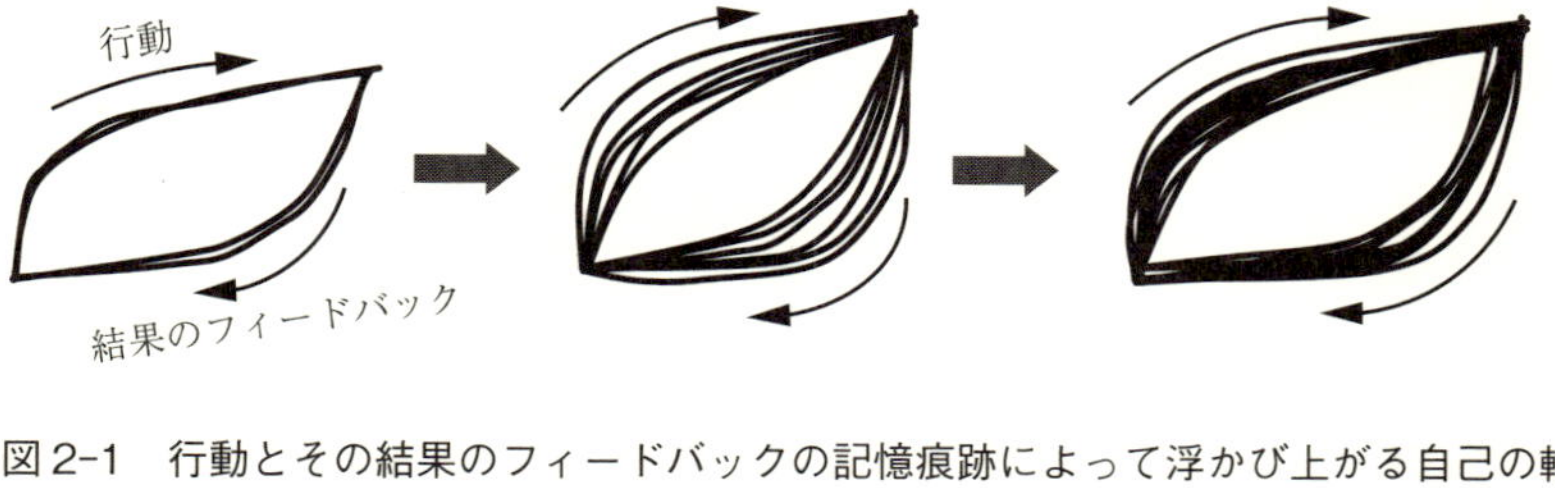

図2-1　行動とその結果のフィードバックの記憶痕跡によって浮かび上がる自己の輪郭

この例を想定に入れて考えてみます。肯定的な転機を語れるのは、現在の自分を肯定的に見ているからです。だから恋人が亡くなったばかりの彼は自らが成長した転機を語れないのです。では、現在の自分を肯定的に見ることができるのはなぜでしょうか。それはかつて転機があり、肯定的に変わったと語れるからです。ではなぜ肯定的に変わったと語れるのか。それは現在の自分を肯定的に見ているからです。ではなぜ肯定的に見ることができているのか。それはかつて転機があり……。つまり、現在の自己と転機の語りとは、循環論法の状態にあるのです。

転機となった出来事が思い出されず、忘れられて語られない場合、もしくは現在の状況において相対的に重要でなくなった場合、——たとえば恋人を亡くしたばかりの彼のように——、その出来事が、経験したときにどんなインパクトのあるものであったとしても、現在の自分の心理状態に与える影響は、取るに足りないものになっています。転機を語ることで肯定的な現在の自分を認識できている場合、転機の語りと現在の自分とはすでに循環関係にあるのです。そのとき、現在の自分を肯定的に見ることと転機を語ることのどちらが先かを決定することはできません。因果関係ではなく、あくまで循環関係だからです。

自己物語と自己の循環関係に言及する研究

このような語りと行為・行動との循環関係は物語自己に関心のある研究者も指摘しています。たとえば、やまだ（2000）は、自己物語と当人のとる行為とに円環性の性質があると述べています。

私たちは、人生を生きるとき、自分たちの経験を積極的に解釈しており、明瞭な何らかの枠組みに頼

> ることなしには経験を解釈できません。その枠組みを構成するのがストーリーです。さらに私たちの生きられた経験のうち、どの側面が表現されるか決定するのも、ストーリー、ないしセルフ・ナラティブです。人を「経験」「意味」「行為」の円環とみなしたとき、「経験」から「意味」へ、「意味」から「行為」へと移行する過程はストーリーが推進すると考えられます。つまりストーリーは、「レンズ」（世界を見るための媒体）、および「内的モデル」（アイデンティティや行為の導き役）と考えられます。これだけならば、認知療法とあまり変わりませんが、このストーリーが個人のなかにあるもの、認知の歪みなどとは考えられておらず、家族をはじめとするさまざまな人びとの相互作用によって、たえず構成されつつあるものと考えるところが違っています。ストーリーによって人々は行為し、さらに行為によって、そのストーリーが確認されるという円環性が人びとのもつ物語形式ですから、治療にはストーリーの書き換えや再著述が重要になります。（p. 19）（傍点筆者）

やまだのいう「ストーリーによって人々は行為し、さらに行為によって、そのストーリーが確認されるという円環性」は、まさに多元的循環自己モデルの根本たる循環の性質を表現しています。

また、浅野（2001）は、自己語りと自己構成が循環関係にあることを示した上で、自己語りと自己構成の循環を開始する確たる自己はどこにあるのかという疑問を呈し、私たちの認識している自己の本質的な空虚さを指摘しています。

> したがってこの間の事情を詳しく言い直せば〈自己が自己自身について語ることによって自己を構成する〉というようになるはずである。そうすると順序としては、「語る自己→語り→自己構成」となるは

ずであり、「語る自己」は、「語り」や「自己構成」に先だってすでにそこにいたことになるのではないか。そうするとここには奇妙な循環がある。すなわち、構成主義の見解によれば一方において「自己」とはそもそも語られることによって構成されるのであるが、他方において、自己物語が語られるためには「語り」に先だって語り手である「自己」がいるのでなくてはならない。（p. 194）

自己自身を構成するということは、自己が自らを構成するということであり、構成の前提が、構成の結果として現れてくるということだ。構成の前提（構成する「自己」）と構成の結果（構成された「自己」）との間には必ず決着のつかない循環の関係があらわれる。「決着がつかない」というのは、この循環を解消して、自己の成り立ちにしっかりした基盤（構成されたものではなく、構成するものでしかないような純粋に主体的・能動的な「自己」）を与えようとしても、それは無理だということを意味している。それにもかかわらず、人々が自分自身の「自己」に疑いや不安をもつことなく日常生活を送っているとすれば（そしてまた研究者の方もそのような安心や信頼を自明の前提として問いの対象からはずすことができるとすれば）、この循環や根拠のなさは何らかの形で解消されたかのように装われているということだ。（p. 201）

自己は循環関係のプロセスの中から立ち現れる

多元的循環自己では、やまだ（2000）や浅野（2001）と同じように自己語りと自己構成が循環関係にあると考えています。その一方で、浅野のように自己の確固たる基盤を問うことはしません。「自己の根拠のなさが解消されたかのように装われている」とも考えません。自己が先か、語りによる構成が先か決められないからといって、自己の寄る辺のなさ、空虚さを強調することはないのです。

多元的循環自己の考え方は、自己は語りと自己構成の循環の軌跡の重なりによって立ち現れてくるもので、循環が続く限り自己として構成、認識され、そのように構成された自己が再び自分自身を認識します。もし自己の原点、出発点、根拠がどこにあるかに答えるとしたら、ちょうどライトークが動きを止めることで文字が見えなくなるように、それが失われることで自己がなくなるという意味で、循環運動のプロセスの中にあるといえます。

2　循環によって立ち現れる自己——ベイトソン・家族療法から

ベイトソンの「自己」なるもののサイバネティクス

本書で提唱する自己モデルの考えのヒントになった二つ目が、家族療法とその源流であるベイトソンの「自己」についての考え方です。

ベイトソン（Bateson 1972）は、「『自己』なるもののサイバネティクス——アルコール依存症の理論」において、「自己」をサイバネティクスとシステム論に基づいた認識論に立ってとらえ直さなければならないと主張しました。サイバネティクスもシステム論も難しい概念ですので、本書に関連する形でその本質を説明します。

システム論とは、ある対象の全体像を明らかにしようとする際、対象を構成する要素を分解してそれらの総和としてその対象全体をとらえようとするのではなく、その対象の要素同士が相互依存関係を持って恒常的に平衡を保つことで全体がひとつのまとまり＝システムとして構成されるととらえる考え方です。たとえば、私たちの身体的生理的機能はシステムとしてとらえられます。心臓、血管、肺などはそれぞれ相互関係を保ちながら、システムとして働いているといえます。

次に、サイバネティクスとは、一九四〇年代にウィーナー（Wiener 1948）によって提唱された、システム論的特徴を持つ学際的な多分野にまたがる概念です。機械の自動制御と生体の神経系機能、特に自律神経系機能が似ているという考えから始まり、心理学、生物学、物理学、数学などの関連分野に影響を与えました。一番の特徴は情報のフィードバック機能です。サイバネティクスの特徴を持つシステムは、外からのフィードバックを受け取り、その情報をもとにシステムを自動制御して保っています。わかりやすい例をあげると、温度調節のサーモスタット、生体の体温調節や血圧調節のホメオスタシスです。

「自己」は私たちの思考システムの外側にあり、思考や行動をコントロールする力を独占的に持っているという、客観的、科学的に自己をとらえる西洋に特徴的な考え方を、ベイトソンは批判しました。科学が自然をコントロールしようとしたように、自己も科学的にコントロールできるという見方を批判したのです。自然と自己が大きく異なるのは、自己はコントロールされる客体であると同時に、コントロールする主体でもあるのです。

ベイトソンが批判したのは、そのような考え方である限り、アルコール依存症の悪循環から患者が抜け出せないという事実があったからです。ベイトソンの見たアルコール依存症の患者は、自分が飲酒をコントロールできる、つまり自分が自分をコントロールできるということを証明するために、すなわちいつでも、何杯の段階でも、自分が望めば飲むことをやめられるということを証明するために（これは決して証明できない悪循環になっています）、完全に酔いつぶれるまで飲まざるを得ないという悪循環を繰り返していたのです。

ベイトソンは、私たちが「自己」ととらえているものが、思考し行動し決定する精神システム全体のごく一部であること、私たちの思考や行動の決定には、精神システム全体のあらゆる時点でのあらゆる要素の相互関係が絡み合っており、自己はそのあらゆる要素のごく一部を切り取った「偽りの物象化を施したものにすぎない」といいます。さらには「複数の人間から成る集団の全体が、そのような思考と行動するひとつのシステムとして作動しうると考える」といっています。

つまりベイトソンは、自己は、私という精神システム全体の一部、もしくは他者も含めたある人間関係で形作られたシステム全体の一部であり、精神システムにせよ、人間関係によって形作られたシステムにせよ、その一部である以上、自分の力のみによって自己をコントロールすることはできないと考えたのです。たとえば、夫婦や学級集団を思い浮かべるといいでしょう。学級集団において、周りの者たちの影響をまったく受けずに自分の思った通りに行動することはできないでしょう。そこでは集団力学に基づいて個人のとることのできる行動が限定されています。夫婦というたった二人の集団であっても、お互い相手にまったく影響を受けずに行動することはできません。それまでの自己に対する考え方へのベイトソンの批判をたとえるなら、自分のお尻を自分で持ち上げて自分を放り投げることはできないと批判したのです。

そのような自己に対する考え方とは対照的に、アルコホーリクス・アノニマス（Alcoholics Anonymous：AA）の教義のあり方や組織形態は、自己をシステム論的にとらえていると、ベイトソンは指摘しています。AAは、ビル・Wとドクター・ボブによって創立されたアルコール依存症の自助グループで、匿名でミーティングに参加することから無名、匿名のアルコール依存症者を意味するアルコホーリクス・アノニマスと呼ばれています。AAはアルコール依存症の更生に唯一誇るべき成果を上げているとベイトソンはいいます。

ベイトソンは、ＡＡの教義がシステム論的であることを示すために、教義として知られる「12のステップ」の最初の二つをあげています。すなわち、「1．われわれは自分たちが、アルコールに対して無力の存在であること、自分たちの生活がもはや手に負えないものであることを認めた」「2．われわれより大きな〈力〉が、われわれを正気に引き戻してくれることを信じるに至った」です。これは、自己をより大きな何かの一部と考えているという点でまさしくシステム論的な自己のとらえ方です。

性格は関係性の循環の中で生まれる

ベイトソンの考えるサイバネティクスやシステム論の考え方で、「性格」をとらえてみましょう。人の性格は、その実体を個人が所有しているのではなく、「依存性」や「攻撃性」など性格を表す性質も、「依存性」や「攻撃性」と呼べるような関係を他者との間で循環的に持つことによって、そのような性格をその人が持つと考えます。より具体的にいえば、Ａが甘える、それに対してＢが世話をする、それに対してＡは依存的に世話を受け入れる、それに対してＢがより世話をする、このような往復、循環する関係（ベイトソンは相補的関係と表現します）によって、Ａの性格として依存性が認識されるのです。この考えでは、他者との関係のやりとりがフィードバックされることで性格というシステムが維持されており、その意味でサイバネティクス的です。

ベイトソンは、「性格」はその人個人が備えているのではなく、その人と他の何かあるいは誰かとの間で起こる事象に内在すると述べます。本書で提唱する「循環によって立ち現れる自己」の考え方を付け足して示すなら、自己（の性格）は、その人と他の何かとのやりとり（たとえば勉強に集中して取り組めないということから、根気がないという性格が立ち現れるなど）、誰かとのやりとりの循環から立ち現れて見えてくるものなのです。

これらサイバネティクスとシステム論の考え方が、実体がないにもかかわらず、「循環によって自己が立ち現れる」という多元的循環自己の中心的概念を思いつくヒントになっています。多元的循環自己のたとえとして重要な役割を果たすライトークが面白いのは、実体がないにもかかわらず、文字が「見えてくる」ところです。自己も実体がないにもかかわらず「見えてくる」「それとして感じられる」ものであり、そのためにまるで実体があるように思われるのです。

家族療法の円環的因果律の考え方

次に、家族療法において特徴的な考え方である円環的因果律を説明します。

ベイトソンの考え方を理論的源泉に発展してきた家族療法は、単純な原因→結果の因果律ではなく、サイバネティクスやシステム論に基づいた原因と結果が循環する「円環的因果律」の認識論を採用し、さまざまな心理的問題の解消を目指しています（吉川 1993 など）（図 2-2）。

アルコール依存の夫とその妻の夫婦を考えてみましょう。夫がお酒を飲むと、妻がいらいらする。そのいらいらを見て、酒を飲むのはお前がいらいらしておれをいやな気分にさせるからだと言って夫はまた酒を飲む。それに対して妻は私がいらいらするのは、あなたがいつまでたってもお酒をやめないからと言う。それに対して夫はお前がそうやってうるさく言うから、おれは酒を飲みたくなるのだと言う。夫の飲酒と妻のいらいらは、どちらもそれぞれに対する原因にも結果にもなっています。

家族療法では、心理的な問題を抱えたその当人に問題が内在するとは考えません。この例でも、問題は酒を飲む夫にあるとは考えないのです。そのように考えて問題を解決しようとしても何の解決にもならないことがわかったからです。

ベイトソンの流れを汲むＭＲＩ（メンタル・リサーチ・インスティテュート）学派の家族療法では、問題となるのは問題を作り出すシステムであり、問題を解決しようとする努力そのものが問題を維持し、強化する悪循環によって、作り出されると考えます（長谷川 1987）。たとえば、不登校の子どもを学校に行かせようとする両親の努力がむしろ不登校を助長したり、アルコール中毒やＤＶ（ドメスティック・バイオレンス）の夫を懸命に支えようとする妻の行動が結果として問題の回復を遅らせるように働いたりしてしまうのです。このような行動は「共依存」としても知られています（緒方 1996）。

家族療法では、悪循環が起こるのは、問題を抱えた家族関係において、その関係システムが現在の状態を維持するように働くためだと考えられています。システム論では、システムは動的な環境の影響を受けながら恒常的に平衡を維持するように働く特徴を持つと考

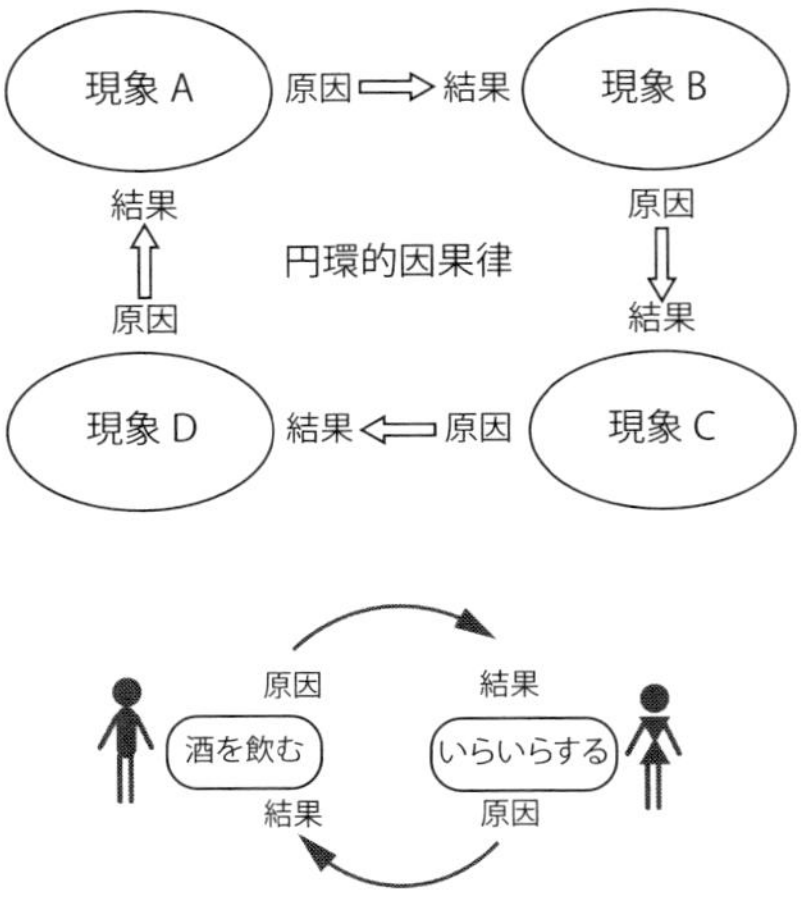

図 2-2　円環的因果律の基本的考え方
（吉川，1993）

えます。

問題解決を考えるとき、家族療法では、正しい家族のあり方にしようとはしません。そうではなく、問題が問題として認識されないような家族の関係性のシステムを再構築することを目指します。家族療法では、問題を解決しようとする努力がむしろ問題をシステム的に維持し、解決を妨げるという、悪循環的な問題解決の努力を偽解決と呼んでいます（長谷川 1987）。そして、偽解決ではしばしば常識的な解決努力がうまくいかなくなっているため、それとは異なる、一見解決に向かうとはとても思えない反対の行動をする「パラドキシカルアプローチ」がとられます。不登校であったら、学校に行かないように働きかけたり、アルコール依存の場合は、お酒を飲んで問題が起こってもまったく世話をしないなどです。そうすることで、これまで偽解決によって循環、維持されてきた問題を抱えた家族のシステムが変化をきたし、それが解決につながると考えるのです。

家族療法における円環的因果律の認識論とそれに基づく治療のあり方の中で、本書と関連してもっとも重要なのは、問題はどこかに実在していたり、一人の人間の中に内在したりしているのではなく、システムの悪「循環」によって作り出されているということです。いいかえるなら「問題を抱えた人（の自己）」は悪循環によって作られているのです。さらに敷衍していえば、問題を抱えていようがいまいが、実は自己は循環によって作られているということです。これが「自己は循環運動によって立ち現れる」という考えにつながるヒントとなりました。

なお、悪循環は「コミュニケーションの連鎖」によって作られるとベイトソンはいいますが、筆者は、この用語がピンときませんでした。ゴッフマン（Goffman 1959）など社会学者のいう、自己は関係に帰されるという考え方も同様です。それらの表現では、私たちが当たり前のように感じている自己の実体感が示されていないと思えたのです。そんな実体感は幻想だといわれればそうなのですが、循環によって輪郭が浮かび上がって自己として認識されるという多元的循環自己のモデルは、幻想であるはずの自己が実体感を持つことを説明できると思われます。コミュニケーションが連鎖して循環として重なることによってその輪郭が感じられ、問題や自己として立ち現れると考えられるのです。

図示するとわかりやすいでしょう。ベイトソンは、コミュニケーションの連鎖を「a_1 b_1 a_2 b_2 a_3 b_3 a_4 b_4 a_5 b_5……」と抽象化しています。a群はAさんの示す個々の行動、b群はBさんの示す個々の行動です。Aさん、Bさんのとる個々の行動は、それぞれ相手のとる行動に影響を与え、情報を与えるという意味でコミュニケーションとして連鎖しています。ですが、この状態ではAさん、Bさんの自己、もしくはAさん、Bさんの特徴として認識される行動傾向は見えてきません。それに対して、コミュニケーションの連鎖を循環としてとらえ、AさんとBさんの間に多少のブレはあるにせよある特定のコミュニケーションパターンがあると仮定すると、図2-3のように示すことができ、Aさん、Bさんのコミュニケーションパターンの輪郭が立ち現れると考えられます。たとえば前述のアルコール依存症の夫と妻の悪循環は、このようなコミュニケーション連鎖が循環的に行われていることで、アルコール依存症としての自己、アルコール依存症の夫を支える妻

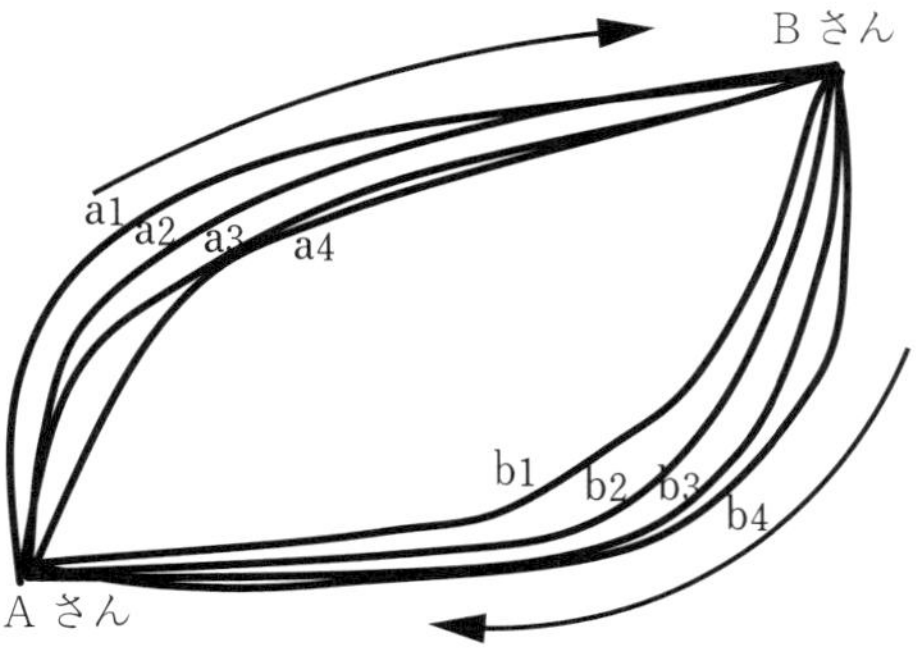

図2-3　循環的なコミュニケーション連鎖から浮かび上がる輪郭

としての自己の輪郭が浮かび上がってくるのです。

なお、第３章で詳しく述べますが、この図が示すように、自己が立ち現れる循環は外に開かれている（外界、環境、他者に開かれている）ことに注目してください。自己は自分の中だけの循環で完結しているのではなく、他者や外界に働きかけ、その結果のフィードバックを受け取るという循環を繰り返しながら保たれているのです。

システム論的見方の展開

ベイトソンや家族療法が基づくシステム論に触発されて、自己や自己に関する心理的・社会的問題を循環的にとらえる見方は、心理学、社会学、教育学、哲学など、さまざまな分野で主張されています。その中から多元的循環自己に関わりの深い研究を三つ紹介します。

システム論の影響を深く受けていると思われる心理療法は、家族療法に限らず論理療法や認知療法、ナラティブ・セラピーなど多々見られます。これらの心理療法については、理論的基盤や方法論について、多元的循環自己の観点から読み解きたいので、多元的循環自己を詳しく示した後に、第５章で言及します。

①システムとしての自己変容

教育哲学者の矢野（1996）は、教育における自己変容に対する関心から、自己を明らかにしようとしています。ベイトソンを援用し、〈循環的因果性論〉によって自己が構成されるとします。ただそのように構成された自己であっても、そこに輪郭があるわけではなく、自己と環境との間には明確な境界を描くことができないと述べています。

矢野は、例として彫刻家がノミで石を刻んでいる場面を取り上げています。この場面は、「彫刻家が石を削って作品を作る」と表現でき、彫刻家という主体が原因、作品が結果という、単純な因果律が成り立ちます。ところが作品製作の場面をミクロで考えると、彫刻家の打つノミのある一打は、その前の一打による石の状態によって影響されます。たとえば、前の一打で少し削りすぎてしまったから次の一打は軽く削ろうなどの調整が行われます。見方を変えると、前の一打による作品の状態が原因、彫刻家の次の一打が結果となります。ここに、彫刻家と作品とに情報のやりとり、すなわちコミュニケーションが成立しています。こう考えると、作品を完成させるまでの過程は、彫刻家の一打と作品の状態が原因にも結果にもなりうる循環する因果関係、すなわち矢野のいう〈循環的因果性論〉でもとらえることができます。

矢野は、〈循環的因果性論〉から、「自己」と環境との間に明確な境界を発見することができないといいます。〈循環的因果性論〉から見ると、彫刻家が作品を作るプロセスは、「石→目→脳→筋（きん）→ノミ→打つ→石→目……」の循環する因果で成り立っています。「自己」を人間の身体の区切りである筋で区切るとします。しかし優れた彫刻家であれば、ノミはすでに筋感覚と一体化して石との接触面を感じていると思われ、その意味では自己と一体化しています。ノミを自己の一部としようとしたとしても、優れた彫刻家ならノミの一打は石の接触面と不可分でしょう。結局、作品製作プロセス全体が影響しあうシステムをなし、ひとつひとつの要素は区切ることができず、その中のひとつである彫刻家の「自己」という要素も区切ることができないことになります。ベイトソン（Bateson 1972）も、杖に導かれて歩く視覚障害者の自己はどこから始まるのか、杖の先か、柄と皮膚の境か、その中間か、境界線を区切るのはナンセンスだと述べています。

彫刻家の例でいえば、自己は作品製作というシステムの中の切り離せない一部（矢野はこれを「サブシステム」と呼んでいます）であり、視覚障害者の例でいえば、視覚障害者の自己は視覚障害者が生きる環境の中の切り離せない一部です。矢野は、このような自己のとらえ方から、自己変容とはどういうことか、また自己変容を目指す教育とはどういうことなのかを明らかにしようとしています。

循環的因果性論の考え方は、多元的循環自己において、自己が循環によって立ち現れること、その循環は外界・環境とつながったシステムであり、自己の中だけで完結しているのではない、したがって自己変容のためには自分の思考・行動を変えるだけでは足りず、自己を含めたシステムの全体的変容が必要である、そうであればそのための始点として私たちがコントロールできることは何か、このように考えるヒントになっています。

②システム論的自己形成論

山田（2005）は、第三世代システム論といわれるオートポイエーシスの考えを援用し、自己形成のプロセスをシステムとしてとらえる見方を提唱しています。

オートポイエーシスは自己産出や自己制作と訳され、オートポイエーシス・システムとは、単純化していえば、反復的にシステムの要素を産出する過程を通して、そのシステムを維持するシステムです。オートポイエーシスは有機体（ある一定の役割を持った細胞群）が栄養素を取り入れて常に自己の同一性を維持するシステムになることをモデルにしています。有機体は自らの要素を産出し続けることで自己を維持し、産出し続けることで維持された自己が、自らを維持するために何を産出するかを規定するシステムなのです（河本 1995）。

具体的にゾウリムシで考えてみましょう。オートポイエーシスの考えでいえば、単細胞のゾウリムシは細胞膜で囲まれた一個体を保っています。それがゾウリムシの「自己」とたとえられます。「自己」は閉じた状態で同じ状態が保たれているのではなく、常に新陳代謝がなされる中で同じ構造を形成し続けています。ゾウリムシの有機体構造の部分部分においても同じです。ゾウリムシがその有機体構造を保ち続けるためには、核のDNA情報が設計図として働くことが必要です。その際に核自体も他の構造と同じように新陳代謝が行われ続け、核は自らを参照することで、自らの構成素として必要な栄養（たとえば、DNAを作るデオキシリボースやリン酸など）を取り入れて、設計図としての機能を産出し続けます。このように自分自身を参照して自分自身を産出し続けるシステムがオートポイエーシスです。

さて、山田（2005）は自己形成を〝どのような行為・経験をしているか〟とそれを〝どのように意味づけているか〟という二つの次元の相互行為による発達現象としてとらえます。そして自己というオートポイエーシス・システムを形成、維持する「構成素」として、「行為」と「思考」という二つの次元を想定し、自己形成プロセスの把握を試みています。構成素とは、オートポイエーシス・システムを構成する要素です。

人間は身体、言語を媒体にして、環境、社会に働きかける存在であり、人は自らの能動的な働きかけの行為（アクション）に対して必ず返ってくる何らかの反応（リアクション）を受けて次の働きかけを行うという連鎖的な相互交渉によって自己という開放システムを成立させていると、山田は考えます。たとえば、自分は積極的な性格で何でも前向きに取り組むようにしているという人は、そのような自己認識に基づいて行動することによってそのような自己を産出し続けているわけです。

積極的な性格であるという自己認識は、もうひとつの構成素である〝意味づけ〟すなわち思考によっても産出されます。これまでとってきた行動とそれに対する反応が、積極的な性格という根拠として意味づけられているわけです。たとえば震災ボランティアにいち早く行ったという行動を自分の積極的な性格のためと意味づけることで、積極的な性格であることを再確認します。そうやって行動と意味づけの両者は循環的な関係を作り出し、積極的な性格の自分を、自分自身を参照することによって産出し続けるのです。

多元的循環自己において、自己として認識されることになる循環をコミュニケーションも含めた行動とその結果のフィードバックの記憶痕跡と考えたのは、語りと現在の自己の状態との循環論法的性質に気づいたことにプラスして、山田のこの考えがもとにあります。山田の考えを援用すると、自己（形成）は外に開かれた動的なプロセスとしてとらえることができるようになります。また、筆者はスポーツの動機づけ研究からスタートしており、思うように体が動かせた、逆に動かせなかったといった身体感覚がやる気を大きく左右する、ひいては自己という存在そのものを大きく左右する感覚を持っていました。自己形成において、行動とそれに対する反応を重視する山田の考え方は、筆者の感じた自己形成に身体性が関わる可能性をも示唆するものです。

この二つの観点、自己形成が外に開かれた動的プロセスである、身体性が関わるという考え方は後述するように多元的循環自己で採用しています。

③アイデンティティコントロール理論

バーク（Burke 1991）のアイデンティティコントロール理論も、サイバネティクスとシステム論をアイデンティティ形成に適用したものです。バークによると、人はアイデンティティの基準（アイデンティティスタンダード）、わかりやすくいえば自分らしさに基づいて行動します。その行動の結果は自分にフイードバックされ、フィードバックを認識して、自分の基準に合えばその行動を再び行い、アイデンティティを維持します。逆に基準に合わなければ行動を修正するか、アイデンティティの基準を修正してズレをなくします。こうして維持もしくは修正されたアイデンティティの基準に基づいて再び行動し、同じようなプロセスが行われます。バークはこのような循環するプロセスを経てアイデンティティ形成がなされ、維持されると、考えています（図２-４）。

　アイデンティティコントロール理論にも、システム論的な循環によって自己が変化したり、維持されたりするプロセスが示され、多元的循環自己モデルとの共通性があります。システム論的に自己やアイデンティティをとらえようとすると、循環の性質が浮かび上がるのです。

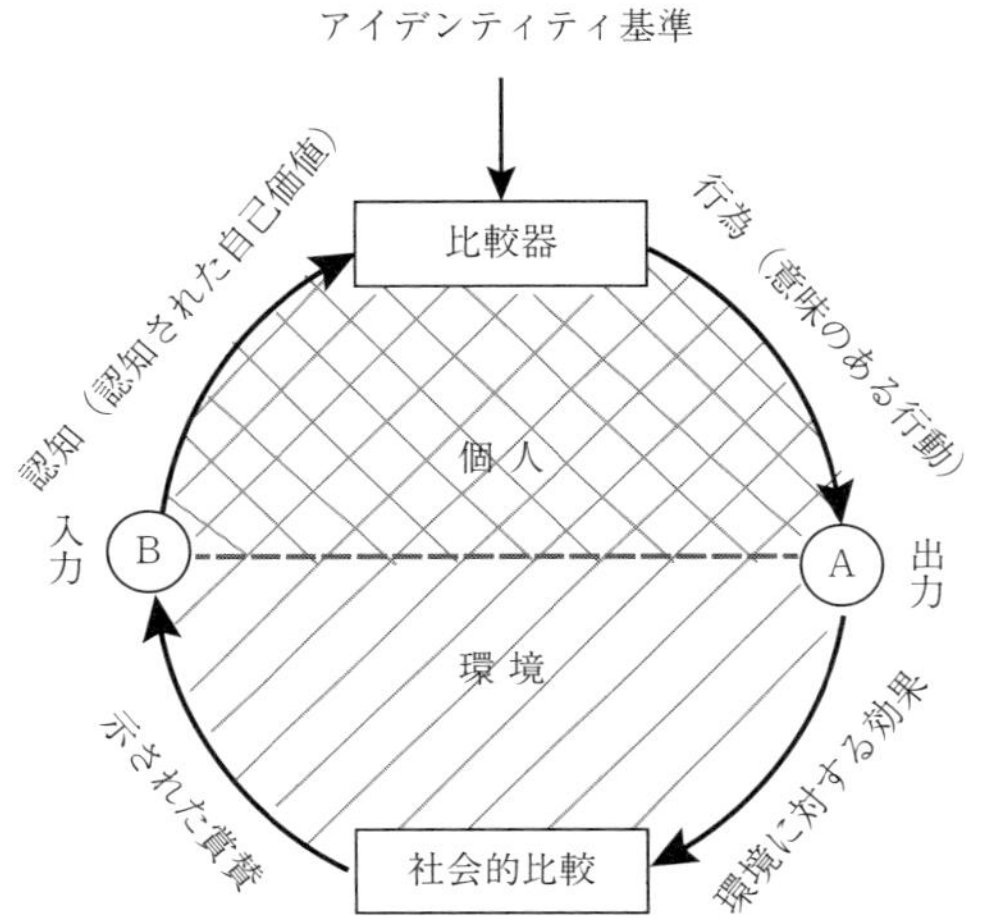

図 2-4　アイデンティティコントロール理論
（Burke, 1991 より一部改変）

　以上、システム論的な考え方をする理論を三つ紹介しました。これら多元的循環自己モデルを構築する上で参考にした、自己をシステムとしてとらえた研究群は、間接的に本モデルの妥当性を保証する根拠になると思われます。

　本モデルの特徴（オリジナリティ）は、これまで明らかにされてきたことに加え、円環的因果律、もしくはシステム論的なフィードバックを、ライトークのメタファーによって実体化して表したところにあります。自己に実体があることを表しているわけではもちろんなく、ライトークのメタファーが示すように、実体がないにもかかわらずその存在や輪郭を感じてしまう自己をうまく表していると考えています。

3　循環によって立ち現れる自己——実証的研究に対する疑問から

因果関係でとらえきれない心理的問題

最後に、「自己は循環によって立ち現れる」という考えのヒントになった三つ目、因果関係を説明原理とする心理学の実証的研究のあり方への疑問について述べます。

科学的な考え方として広く採用されている因果的思考は、原因が結果をもたらすと考えます。たとえば、心理学的な問題を抱えている人がいた場合、その現状は何らかの原因の結果であり、現状を変えるために原因を探し出し、その原因を操作します。そして、操作の結果、現状が変わらず問題が解決しなければ、原因が誤っていたものとして新たな原因を探すのです。

筆者がかつて執筆した論文の題目は「クラスの学習目標の認知が原因帰属と期待・無気力感に及ぼす影響について」（杉浦 1996b）でした。これは、「クラスの子どもがクラスの学習目標をどのように認知するのか」が原因となって、その子どもの「原因帰属や期待（ここではやればできるという気持ち）、無気力感」という結果につながるという因果関係があることを意味します。子どもたちの原因帰属を適応的なものにし、やればできるという期待を高め、無気力感を払拭するためには、子どもの持つクラスの学習目標の認知を変容させる働きかけをすればいいということです。

因果的関係に基づく研究は、心理学の実証的研究でよく使われますが、この思考方式で問題解決を図ろうとしても、実際には解決しない、もしくは実証的な研究のように単純にはわりきれないことがしばしばです。

科学的な因果関係に基づいて医学的な治療を行う場合、原因と結果のつながりを推測し、仮説を立て、原因をコントロールして結果を見ます。うまくいかなかったら、元の条件に戻して、別の原因をコントロールして結果を見ます。ある疾患に罹った患者は、その疾患が原因で結果として起こっている症状を治療するために、原因となる疾患に対して効果のある薬を投与する治療が行われます。その薬が効かない場合には、別の疾患を疑い、効果のある薬の投与を試行することになるでしょう。この治療の根拠が、原因があって結果が伴うという因果的な思考法なのです。

これに対して、心理学的な問題において、原因を推測して仮説を立て、要因をコントロールして働きかけた結果、うまくいかなかったとしても、元と同じ条件に戻すことは不可能です。一度働きかけたことによってそれまでとは状況が変わっているからです。

たとえば、不登校の子どもをただやる気がないだけだからと考えて、無理やり学校に行かせようとしたとしましょう。その働きかけによって余計部屋から出なくなり、それまでは話ができていたのに、話もできなくなり、もはやどんな働きかけをしても部屋から出ない状態のままになってしまった。そんな状況の場合、それまでに働きかけたことを元に戻すことはできず、部屋から出なくなった状態から次の働きかけを考えなければなりません。

因果関係に基づく科学的な思考が心理学においてまったく意味がないといっているわけではありません。

不登校の子どもに対する働きかけについて、子どものタイプ（たとえば怠学の子なのか、自閉傾向のある子なのか）やおかれた状況（家庭に問題があるのか、クラスでのいじめなのか）などを考慮に入れ、それらの要因によって働きかけの効果が異なることを明らかにすることは効果的であり、因果的な思考に基づいた研究でしょう。しかしながら、因果関係に基づいた働きかけがうまくいかなかった場合には、その働きかけをなかったことにすることはできないのです。

循環関係でとらえる心理的問題

働きかけのあとに子どもが部屋からまったく出なくなってしまったという（ある意味、安定した）心理状態は、それまでの働きかけとそれを受け取った子どもとの関係のやりとりの連なりによってはじめて説明できるものです。そして、その状態を変化させるには、安定かつ固定した状態を打破して変化させようとするのではなく、その状態が一連の関係の循環によって得られ、保たれていると考えて、その循環をどのように変えるのかを考える必要があるのです。これはすでに述べた家族療法の考え方です。

この不登校の子どもの例を敷衍していえば、どんな心理状態も安定、固定したものではなく、外界や他者との循環する関係によって、そのとき、ある状態に保たれているのです。この考え方が、自己は循環運動によって立ち現れるという多元的循環自己につながるヒントとなっています。

第3章 循環によって立ち現れる多元的自己のプロセスモデルの全容

1　循環によって立ち現れる多元的自己のプロセスモデル（多元的循環自己）

多元的循環自己の概念図

ここまで、なぜ自己が循環によって立ち現れるといえるのかを、筆者のこれまでの研究、ベイトソンと家族療法が基づくシステム論、心理学の実証的研究に対する疑問という三つの観点から示しました。ここからは、「循環によって立ち現れる自己（循環自己）」をさらに発展させ、本書の自己モデル「循環によって立ち現れる多元的自己のプロセスモデル（多元的循環自己）」を説明します。この自己モデルを前もってまとめると、図3-1、図3-2（次頁）のような概念図で表されます。

本章では、多元的循環自己がどのようなモデルなのか、このようなモデルになる根拠は何か、このよう

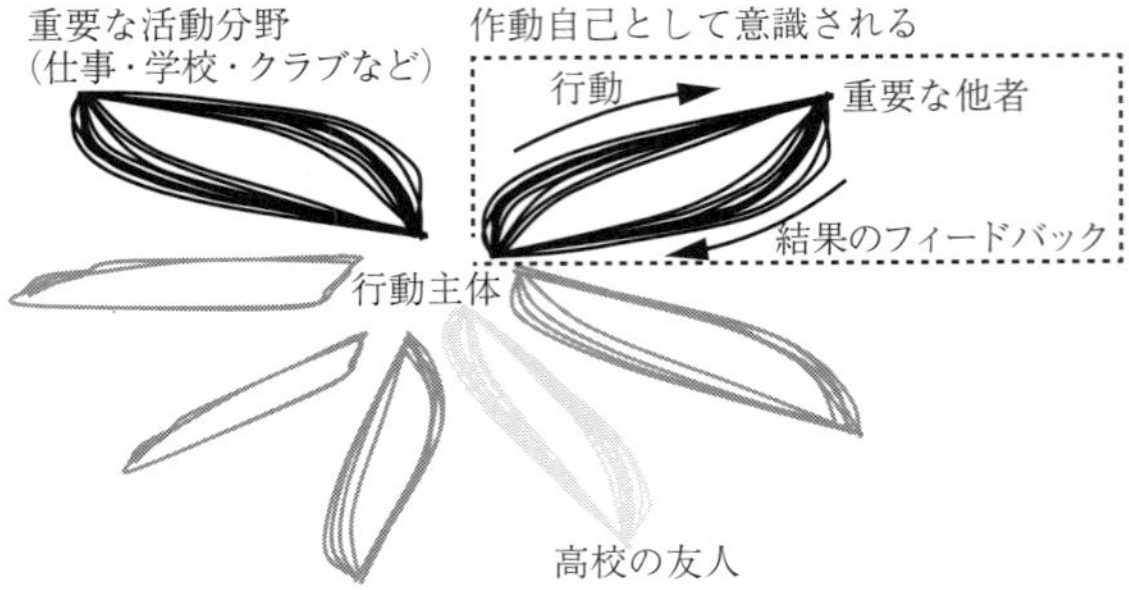

図 3-1　循環によって立ち現れる多元的自己のプロセスモデル

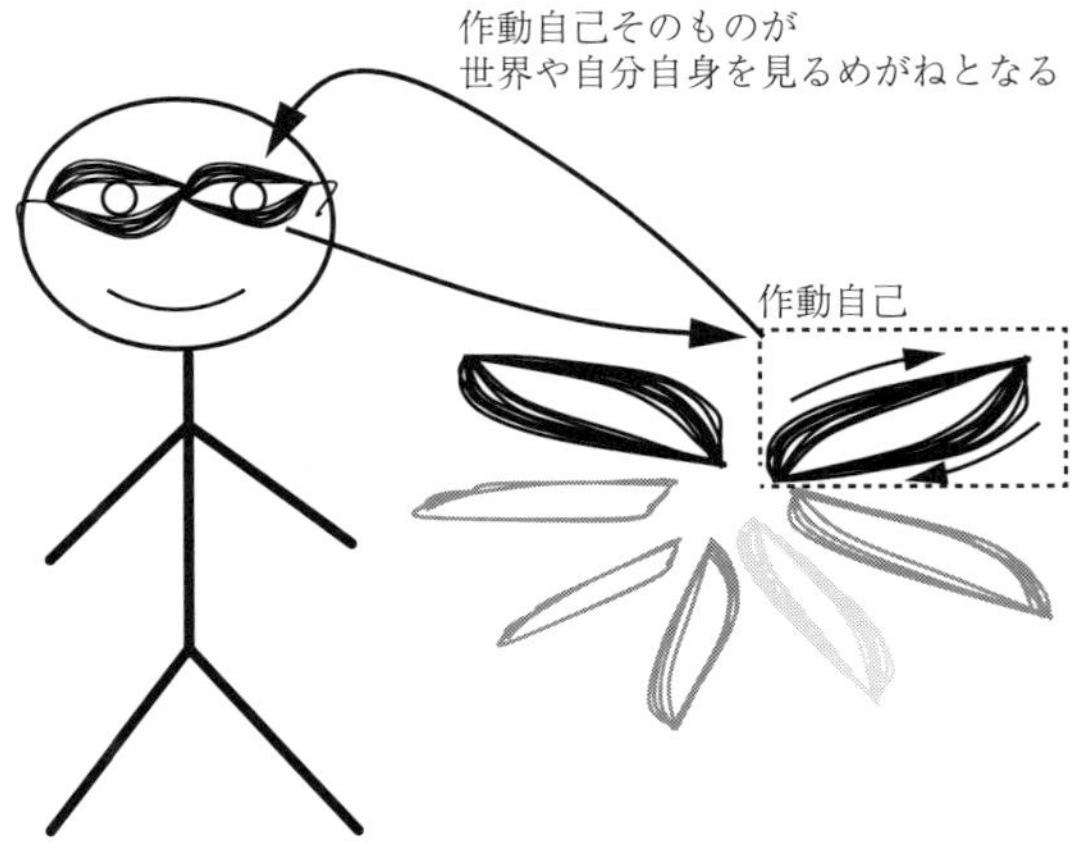

図 3-2　循環によって立ち現れる多元的自己の自己言及的特徴

なモデルを構築することで見えてくることは何か、についてさらに詳しく説明していきます。その際、注目してほしいポイントは三つです。

①多元的循環自己で自己として認識される複数の循環の輪郭は、何回も循環が軌跡を重ねることによってしだいに明確になる

第２章で述べた通り、ここでの循環とは、自分が外界や他者と行ってきた（そして今も行い続けてい

る）相互作用の記憶痕跡です。本モデルでは、自己には明確に区切られた輪郭はないとしますが、ブレがありながらも行動の相互作用である循環を重ねることで、自己の輪郭が浮かび上がって認識されると考えます。このように考えると、あるときは安定かつ固定的で、あるときには不安定さを内包する、自己の矛盾したあり方について説明することを可能にします。

また、このような自己認識の重なりは、自分が自分を見る視点（めがね）となり、自己のあり方を自己言及的に規定します（図３-２）。認識された自己が主体としての自己のものの見方や行動を左右するといえます。

②循環の重なりによって輪郭の浮かび上がった自己を複数認識できる

多元的循環自己のモデルでは、「自己」を単一なものではなく、多元的と考えます。時と場合によって私たちは多元的な自己を認識し、それらに影響を受けて感情を揺らがせたり、行動を調整したりします。図３-１の花びらのようなひとつひとつが循環自己を表現し、それら循環自己の数や輪郭の濃さによって各人の多元的循環自己のあり方が変わります。そこにたったひとつの統一された自己、もしくはアイデンティティは想定しないのです。

③自己として認識される循環の軌跡が基本的には外（環境、状況、社会、他者）に開かれ、それらの影響を受けて変わり続けている

自己は自分の中だけで完結した存在ではありません。自己の存在は常に外（環境や状況、社会、他者）に開かれ、外界からの影響を受けています。その意味で自己は変化し続けて今の状態を保っているプロセス的存在であるといえます。なお、「基本的に」というのは、本来なら外に開いているはずの循環を自分で閉じてしまうこともありうるからです。この点に関しては詳しく後述します。

多元的循環自己は、自己理解をわかりやすく進めるための具体的なモデルです。社会学でいわれるような、自己は他者との関係の相互作用によって形成されるという論だけでは、それがどのように成り立つのかはわかりにくいでしょう。多元的循環自己では自己が関係の相互作用によってどのように形成されるかのプロセスも明示的に表現することができます。ベクトルが、重力や力の働きをより理解しやすいように矢印の方向と線の長さで表現するようなものといえます。

では、以上三つの観点に注目して多元的循環自己を詳しく説明していきましょう。

2 循環が意味するもの

行動とその結果のフィードバックの記憶としての多元的循環自己

多元的循環自己での一番重要なキーワードである「循環」について、もう一度確認のためにまとめます。多元的循環自己における循環は、当人がとる行動とその結果のフィードバックの記憶で、その重なりによって自己が立ち現れると考えます。

たとえば、クラブに所属し、スポーツに一生懸命取り組んでいる学生は、日々練習を重ね、試合に参加します。納得できるよい結果が出ることもあれば、体調不良などでもうひとつの結果に終わることもあるでしょう。それらの行動と結果が積み重なって、スポーツ選手としての自分の輪郭、たとえばレギュラーとしていつもチームを引っ張っている自分や、なかなか思うような結果を出せずにスランプに陥っている自分などが認識されます。当然、すべての行動とその結果のフィードバックが同列ではなく、その意味づけによって記憶への影響は異なります。重要な試合での結果や、重大な出来事――大きなけがやレギュラーを奪われるなど――は、濃い循環の軌跡を残すでしょうし、逆に日常のルーティンの行動は記憶の軌跡を残しても、ほとんど認識できないでしょう。ただし、いつもとる自分の行動は、何回も何日も何年も繰り返すことによって軌跡を重ね、自己の姿を浮かび上がらせます。練習をどんなにやっても結果が出ず、無気力に陥っている場合、練習という行動と練習しても伸びないという結果のフィードバックが何回も繰り返されることで、それらの記憶の重なりからスランプに陥っている自分が浮かび上がってくるのです。

循環を形作る行動には他者との関係、他者とのコミュニケーションの記憶も含まれます。外界に働きかければ、その行動に対して結果のフィードバックが返ってきます。たとえばテストを受ければ、点数が結果として返ってきます。それと同じように、他者と何らかのコミュニケーションを行えば、他者からのフィードバックが返ります。たとえば、妻が「たまには家事を手伝ってよ」と言ったら、夫から「わかった、何をしたらいい」とか「勘弁してよ、仕事で疲れているんだよ」などとフィードバックが返ってきます。どんなフィードバックが返ってくるかによって妻と夫との関係は変わり、それらのコミュニケーションの連なりの中で夫としての、妻としての自己の循環が立ち現れることになります。

多元的循環自己は今の状態を保つシステムである

なお、循環の軌跡となる自分自身についての記憶は、客観的な出来事の記憶ではなく、主観的なフィルターを通して記銘され、想起されるものです。行動とそのフィードバックを記憶するとき、自分なりの解釈が入るということです。ここでの主観的なフィルターは、基本的にこれまでの循環を繰り返すバイアスを受けて記銘され，想起されると考えられます。たとえば，スランプに陥っている選手という自分の循環の重なりの軌跡が認識されている場合には，たまにいいプレイやいい練習ができたとしても，どうせたまたまだろうと解釈されてしまうのに対して，うまくできなかったことはそれまでの循環と重なって強く認識され，それまでの記憶と相まってさらに強く認識されるということです。もちろん，日による気分変動で，記憶のバイアスの方向性が変わり，ときに楽観的に，ときに悲観的になることもあるでしょうが，それは循環のブレとして表され，おおよそとしては一定の自己の姿が立ち現れると考えられます。これは，自己が同じ状態を保とうとするシステム的特徴を持つ要因となることを示すものです。図 3-2（p. 44）は，これまでの循環自己がそれ自体フィルターとなって，同じ自己の状態を保つように記憶がなされることを示しています。

第 2 章で述べた，自己をオートポイエーシス・システム（自己産出システム）としてとらえた山田（2005）の考え方は，これまでの自分自身を参照しながら，それとの関係で行為とその結果のフィードバックに対する意味づけを行い，自己生成をし続けていくという自己のあり方を記述しようとしたためと思われます。

多元的循環自己における自己変容

その一方で，行為とその結果のフィードバックに対する意味づけがこれまでの自己で説明しきれなくなったとき，山田のいう，新たな自分の発見としての自己形成が開始されることがありえます。たとえば，今まで人前で自分の意見をまったく伝えられなかった人（そして自分はそのような人なのだと考えていた人）が、はじめて大勢の人の前で自分の意見を述べ、それが多くの人に認められた経験をしたときに、これまでの循環の軌跡の重なりとは大きくぶれた循環によって新たな循環の輪郭が浮かび上がるようなイメージです。さらに、自信をつけた自分が意見を述べる経験を繰り返し、新しい循環としての自己が形成されることになるのでしょう。それが輪郭をなしたとき、以前までの自分と比較する形で転機として語られることになると考えられるのです（図3-3、図3-4）。

ここでいいたいのは、多元的循環自己によって、変わらない自分、変われない自分のプロセスが説明でき、新たな自分、変わる自分（自己形成、自己変容）のプロセスをも説明できるということです。

これまでとは異なる循環が始まる

図3-3　自己変容の開始

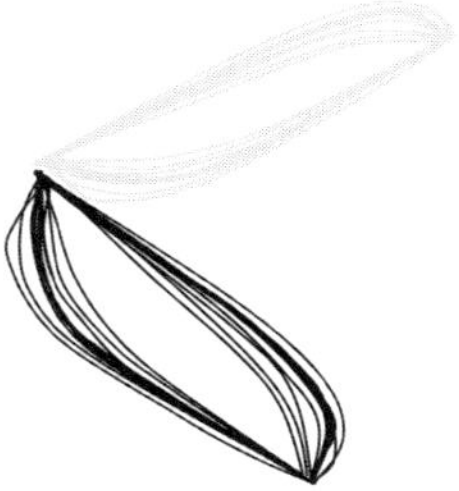

新しい循環が重なり，相対的にもとの循環は背景に退く

図3-4　自己変容の結果

多元的循環自己は記憶想起で強化される

さて、多元的循環自己のモデルでは、自己が立ち現れる循環の軌跡に記憶の基盤があると考えます。そのため、循環は実際の行動だけではなく、自分の行動の記憶、つまりは自伝的記憶を繰り返し想起することによってもその軌跡を重ねていくと考えます。自伝的記憶の想起はいわば行動の再体験で、繰り返し自伝的記憶が想起されることで、その行動の記憶がより想起、認識されやすくなり、それが循環の軌跡の重

なりを形作って自己として立ち現れるのです。

記憶の神経学的研究では、シナプス可塑性という考え方があります。学習や記憶に関わる脳内神経細胞の変化のことで、シナプス、すなわち神経細胞間の接合部位の伝達効率が向上したり、逆に減少したりする現象です。シナプス可塑性は複数の経路による現象で、そのメカニズムは、電気抵抗が少ないと電気が通りやすくなるように、スムーズに情報が伝達され、シナプス間の結びつきが強くなって学習や記憶が成立するというものです（池谷 2001 など）。

多元的循環自己における循環の軌跡の重なりは、シナプス可塑性をメタファー（たとえ）とするとわかりやすいでしょう。頻繁に思い出される行動とその結果のフィードバックの記憶は、シナプス可塑性により神経伝達効率がよくなって循環の軌跡を重ねやすくし（けもの道のようにそこに溝ができるイメージです）、その循環の軌跡はより重ねられ、より認識されやすい自己になるということです。

自分の経験した出来事はたとえ一回きりでも、その記憶の想起は何回も行われることがあります。人生の転機の記憶は、一回限りの出来事だったとしても、何回も想起され、何回も語られるでしょう。そして、転機を経験したという記憶が循環の軌跡の重なりとなって、そのような転機の経験を持った自己として認識されるのです。

多元的循環自己は思考や行動の方向を決める

ピルマー（Pillemer 1998）や佐藤（2008）は、私たちが生きていくために、思い出を想起することが何らかの役割を果たすという「自伝的記憶の機能」を指摘しています。多元的循環自己モデルの記憶の想起もこの「自伝的記憶の機能」を果たすと考えられます。ピルマーは、自分の信念に影響を与えている出来事を「アンカーとなる出来事」と名づけ、その出来事を思い出すことの役割を示しています。アンカーとは、船の碇《いかり》ですから、「アンカーとなる出来事」は、記憶が立ち戻るフックのような役割を表現しています。ピルマー（Pillemer 1998）は、「アンカーとなる出来事は、その人の持つ信念を確認するものとして役立っている。人はその出来事の思い出によって、現在の信念や感情を確認することや、悩みや困難に直面した時、それを乗り越える自信を得ること、その思い出に込められた教訓にしたがって思考や行動の方向性を定めることが可能になるのである」（p. 73-74）と述べています。

自伝的記憶の機能が示すように、循環によって立ち現れた自己も、私たちの思考や行動の方向性を決めます。多元的循環自己において自分を知るということは、自分がどのような循環の軌跡を重ねているのか、どんなことを繰り返し思考しているのか、どんなふうに自分の行動とその結果をとらえる特徴があるのかなどを知ることです。そのような自己理解は、私たちが自分の思考や行動をコントロールするにあたって重要な情報となると思われます。これは本書で自己モデルを提唱する大きな理由です。

多元的循環自己は物語自己である

次に、多元的循環自己における自己を物語自己の観点から考えていきます。多元的循環自己は物語自己の発展形です。

多元的循環自己の循環の軌跡は、何らかの行動とその結果のフィードバックを受け取ったという経験の記憶を表しています。経験の記憶は、物語の特徴である時間軸と因果関係の要素を持ったものとして想起、認識され、語られます（やまだ 2000）。たとえば、一生懸命練習をした結果、試合でよい成績を上げることができた場合、練習から試合のよい結果という時間の流れと、練習のおかげでよい成績を上げられたという因果関係がエピソード記憶として記憶され、ときにそのように語られます。循環によって立ち現れる自己は、他者に語ったわけではなくても時間軸と因果関係の特徴を持つ物語自己なのです。

サービン（Sarbin 1986）が「語りは（私たちが物事を認識するときの）根源的メタファーである」と述べたように、語りは、私たちが世界を認識するときのひとつの様式です。と同時に、語りは多元的循環自己においては、自己を立ち現す、循環の軌跡としてのひとつの行動でもあります。つまり、他者に語るにせよ、自己語りにせよ、自己を語るという行動によって循環の軌跡が増えるのです。多元的循環自己モデルでは、自己を認識することも、他者に自己を語ることも、自伝的記憶を想起することも、自己のあり方をより濃く立ち現させる循環の軌跡としての行動と考えます。

これは、自己をシステムとしてとらえる理論が、多元的循環自己だけでなく、多くあるという説明になると思われます。システムは、その特徴として自己保存を志向します。自己がシステムとしてとらえられるのは、私たちが自己を認識したり、語ったり、自伝的記憶を想起したりすることが、基本的にはすべて今の自己のあり方を維持するように働くからだと考えられます。

このような自己の自己保存的特徴は、ナラティブ・セラピーにおける、縛られた固定的な自己物語としてのドミナント・ストーリーを形作るものともなるでしょう。ナラティブ・セラピーとは、自己を他者とともに作り上げた物語（ナラティブもしくはストーリー）ととらえ、問題を抱えた自己物語をセラピーによって書きかえることによって問題を解決しようとする心理療法です。

ナラティブ・セラピーにおいては「人は他者とともに作り上げた物語的な現実によって自らの経験に

意味とまとまりを与え、そうして構成された現実を通して自らの人生を理解し、生きる」と考えます（Anderson & Goolishan 1992）。またドミナント・ストーリーとは、ナラティブ・セラピーにおいて、その人の自己物語として優勢に（ドミナントに）定まっている語りです（White & Epston 1990）。クライエントは、ドミナント・ストーリーが自分にとって「役に立たず、不満足で、袋小路になっている」ことに気づいても、「その上演に参加」せざるを得ず、別のストーリーとして自分の人生を見ることができません。それはすでに優勢になっている自己のストーリーに記憶のバイアスが収束してしまうからです。実際には、さまざまな経験の中には、無視できないような出来事も存在するはずなのに、それがドミナント・ストーリーの筋から外れるがために取り入れられないのです。たとえば、妹に比べて母親から可愛がられなかったと思い込んでいる人は、そのストーリーに合わない、誕生日に母親からもらったプレゼントのことは忘れていたりするのです。

ナラティブ・セラピーはそのようなブレをユニークな結果としてクローズアップさせ、別の循環の軌跡であるオルタナティブ・ストーリーをクライエントとともに新たに語り直そうとします。それは今までの循環をずらしながら、新たな循環の軌跡を作り出そうとするかのようです。

多元的循環自己は、物語自己による変われない自分、そしてナラティブ・セラピーによる自己の語り直しとそれによる自己変容をもうまく説明できるモデルなのです。

多元的循環自己は感情や生理学的、神経学的影響を受ける

続いて、多元的循環自己を生理学的、神経学的観点から考えます。

多元的循環自己において、循環によって立ち現れる自己は認識された自己です。私たちが循環の軌跡の重なりを自己として認識する際には、そのときの感情や生理学的、神経学的な影響がフィルターとして働くと思われます。たとえば、落ち込んだ気分のときには、出来事をネガティブに受け取りがちです。同じように、落ち込んだ気分のときには認識される自己もネガティブにとらえる傾向があるのです。

感情のフィルターを除去して、循環の軌跡の重なりの本体もしくは実体を認識することはできません。なぜなら認識主体としての自分は必ず何らかの感情状態のフィルターを通して自己を認識するからです。自伝的記憶には客観的な出来事（たとえば、受験失敗など）が存在することはあるものの、その記憶としての循環は客観的な痕跡ではなく、その出来事を解釈する認知や感情のフィルターを通して想起されたり、語られたりするものです。山田（2005）が自己の構成素として思考による意味づけを設定したのはこのためといえます。簡単にいえば、私たちは物事を完全に客観的に見ることはできず、必ず主観の混じった見方で物事を見るということです。

認識する主体のフィルターは認識された自己そのものの影響も受けます。認識主体としての自分と認識客体としての自己は自己言及的関係にあるのです。たとえば、失恋して落ち込んでいるときには、失恋して落ち込んでいるという循環の軌跡の重なりがネガティブな自己像としてとらえられ、そのようにとらえた主体としての自分がネガティブなフィルターを通すことによって、失恋した自分をさらにネガティブに認識してしまいます。これはうつの相互増強システム（Teasdale 1985）につながるメカニズムです。

抑うつのフィルターが生理学的、神経学的要因である場合（たとえば、脳内物質セロトニンの機能低下などの神経学的な原因がある場合）、考え方を転換することのみで、フィルターを変えることは非常に困難です（唐渡 2010）。抗うつ剤の薬物治療が効果を持つのはこういうときです。神経学的な影響を受けて大きく歪んだフィルターをある程度正常化しないと、考え方やものの見方を変えようとしても難しいのです。

それと同時に抑うつ治療にあたっては薬物治療のみでも不十分だと思われます。薬物治療によってフィルターがある程度正常化しても、抑うつのフィルターによってネガティブな循環の軌跡が重なっているときには、カウンセリングやセラピーなど、新たな正常化したものの見方での循環の軌跡を重ねられる働きかけが必要となります。抑うつの治療などでは薬物治療とカウンセリングの併用が効果的といわれますが（唐渡 2010）、この仕組みは多元的循環自己でも説明が可能です。

ここまでをまとめると、多元的循環自己は、変わらない自分、そして変わる自分をともにうまく説明できるモデルだということです。これは本書の目的であるセルフコントロールを考えるにあたって非常に重要な特徴です。

3　自己の多元性

語られる複数の物語自己

ここからは、多元的循環自己の二つ目の注目すべき特徴である「自己の多元性」について詳しく説明します。

多元的循環自己では、自己として認識される循環の軌跡は複数あること、つまり自己の多元性・複数性を仮定しています（図 3-1〔p. 44〕の花形がそれを表しています）。

これまでにも述べてきたように、筆者は、自身がやる気を失ってしまった経験をきっかけに、やる気の研究を始め、やる気が変わる転機に注目し、人が転機でなぜ、どのように心理的に成長するのかに関心を持つようになりました。その関心に基づいて、著書『転機の心理学』（杉浦 2005）において、人が心理的に成長していくプロセスを示しました。

その中で、人が心理的に成長していくプロセスを説明するにあたって大きな役割を果たしたのが、物語自己の概念でした。先に説明した通り、物語自己とは、その人が自らについて語った物語が自己そのものであるという考え方です。この考えに基づくと、人生の転機は、自分が大きく変わった経験のプロセスを語ることによって形作られます。

同書（杉浦 2005）では、物語自己の考えを採用することで、人が成長するプロセスをかなりうまく示すことができました。人が成長していくのは、転機を基点として成長のプロセスを語ることができるからで、自分が成長したと語ること自体が循環的に成長を形作ることを表現できたのです。

その一方で、説明しきれない問題も残りました。そのもっとも大きな問題が自己の多元性でした。自らについて語った物語が自己そのものであるという物語自己の考え方では、首尾一貫した物語の形で自己について語った場合、自己は単一のものとしてしか表現できなくなってしまうのです。

首尾一貫して自己を語れること自体は、自己をまとまりとして認識できている、アイデンティティを感じられるという点で悪いことではありませんが、自己を単一なものとして表現せざるを得ない物語自己は、自己のあり方を的確に示していると思えなかったのです。

筆者は、スポーツ選手の転機についても、インタビューによって調べ、物語自己の考え方に基づいて分析を行っています（杉浦 2004）。その調査でスポーツ選手たちは、競技を続ける過程で経験した転機による自らの成長を見事なストーリー仕立てで語りました。物語自己の考え方からすれば、彼らのスポーツ選手としての自己（むしろこの場合は自分らしさという意味でスポーツ選手としてのアイデンティティといってもいいでしょう）が語りによって表現されたといえます。しかしながら、スポーツ選手としての自己だけを彼らが持っているのではないでしょう。スポーツとは別に恋愛関係や家族関係に悩んでいたとしたら、それらの観点からの語りが可能で、恋愛関係に興味のある研究者が彼らにインタビューをしたら、恋愛遍歴をストーリーにした物語自己を語るはずです。しかし、スポーツ選手の転機として恋愛関係の話題が出ることはありませんでした。可能性としては、妻や恋人の後押しでスポーツ選手として成長したという転機が語られることはあるかもしれませんが、そのような語りは実際にはされませんでした。

また筆者自身、スポーツを長く続けてきたので、スポーツ選手としての転機を語ることができますが、研究者としての転機を語ることもできます。複数の自己を語れるということは、物語自己の考え方からすれば、複数の自己がありうることを意味します。多元的循環自己では、私たちは多元的な自己を認識することができ、語ろうと思えばそれぞれの物語自己を語ることができると考えています。

記憶の根拠を持ち、使い分けられる多元的自己

自己が多元的に認識されるとしたら、当然それらの自己間の関係が問題になってきます。では、多元的自己同士の関係はどのようなものでしょうか。それぞれが並列するのでしょうか。社会学でいわれてきたように、呈示する相手によってカメレオンのように使い分けられるのでしょうか。バラバラの多重人格的なものでしょうか。それとも、複数の自己を束ねるさらに大きな自己、いわゆる包括的自己概念

(Shavelson, Hubner, & Stanton 1976) のような自己がありうるのでしょうか。

自己の多元性の特徴については、多元的循環自己が記憶のメカニズムの基盤を持ち、循環の軌跡の重なりとしての自己を認識して、思考したり、行動したり、自己呈示したりすると考えると、うまく表現できます。

たとえば、自分にとって重要な転機になった出来事などは、ピルマーが「自伝的記憶の機能」を主張したように、機会あるごとに想起され、その出来事から得られた信念や教訓を使って問題を乗り越えたり、落ち込みから立ち直ったりする働きを持つでしょう。その出来事は何回も想起され語られることで、よりアクセスしやすい、認識されやすい自己となります。循環の軌跡が重なることによって、より濃く輪郭が浮かび上がり、認識されやすい自己になるといってもいいかもしれません。図3-1(p.44)で花形の花びらのひとつの循環の軌跡が重なり、濃くなっているのが、認識されやすい自己を示しています。

ブルーナー(Bruner 1985)は、さまざまな人が自発的に書いた自伝を比較検討し、人生の転機が必ず描かれていることを指摘しています。人生の転機となる大きな出来事は、自己物語を語る上でももっとも濃い循環の軌跡を作り出すような出来事なのでしょう。

逆にこれまである人たちと交流して作られてきた自己が、それらの人たちと疎遠になることで輪郭が薄れることもあるでしょう。筆者は大学時代、陸上クラブに所属していましたが、クラブの仲間とも離れ離れになり頻繁に会わなくなると、彼らとやりとりをすることで呈示し、作り上げてきた循環の軌跡の重なりによる輪郭も、常に意識されるような自己ではなくなっています。しかし、同期会などで昔の仲間に出会うと、かつて彼らとやりとりをすることで作り上げてきた自己の輪郭がにわかに表に出てきます。

同じことを、森岡(1995)は次のようにいっています。

たとえば同窓会などで実に久しぶりに昔の友人に出会うとします。あれはどこかてれくさいながらも本当に愉快なひとときです。なんであんなにおもしろいんでしょうか。この図式にあてはめていえば、「あなた」とともに小学生の「わたし」になってしまう。小学生の「わたし」が何十年かぶりに甦ってくるからです。(p. 59)

また、筆者の妻は、母親から電話がかかってくると、それまで話してきた言葉とはまったく別の、ふるさとの方言とイントネーションで母親とやりとりをします。そのやりとりはそれまで彼女が母親と取り結んできただろう関係を推測させるもので、ほとんど彼女の中で無意識に自己を使い分けているような感じです。

社会学者のゴッフマン（Goffman 1959）は、「われわれの自己とは、パフォーマンスにおいて呈示される効果である」と述べます。しかしながら、多元的循環自己においては、呈示される「自己」は何の背景も根拠もない恣意的なものではなく、社会的に呈示される自己の背景には、それまでその人が取り結んできた他者との関係の循環があると考えます。かつて深く刻まれた関係の循環の軌跡は、しばらくアクセスされていなくても、すなわちしばらく想起されていなくても、前述のようなきっかけさえあれば再び認識される自己となるのでしょう。このことは後述する「作動自己」としての多元的循環自己でも述べたいと思います。

小此木（1981）は、アメリカの精神科医ロバート・J・リフトンの提唱したプロテウス的人間という概念を紹介しました。プロテウス的人間とは、明確な自己定義をなさず、モラトリアムのままで他者に合わせて自己を変幻自在に変えるようなアイデンティティのあり方を持った者のことです。ギリシャ神話に出てくる他の者に変身する能力を持った海神プロテウスに模してプロテウス的人間と名づけられています。小此木（1981）は「プロテウス的人間としての資質がなければ、とてもこの変動社会を生き抜いてゆくことはできない。一人の人間の人生周期一つをとりあげても、高年齢社会に生きる人々は、同一人物がいくつかの時代を人生の各年代で次々に経験し、そのたびに古い自分を棄て、新しい自分の生き方、価値観、社会的役割を身につけ、自己を変身させねばならない」（p. 60）と述べています。

多元的循環自己から考えると、「プロテウス的人間」は、多元的自己のあり方をうまく説明していると思います。私たちは他者との関係の中でさまざまな自己を使い分けて呈示しているのです。

ただし、変幻自在のように見える自己のあり方であっても、それぞれの自己にまったく根拠がないわけではありません。また、古い自分は棄てさられるものでもありません。他者に呈示される自己は、筆者の妻の電話の例のように、それまでの他者との関係の歴史としての循環の軌跡を基盤として潜在し、ときに再び現れてくるといえます。私たちの中には多くの循環自己がその記憶の循環の軌跡を残しており、それが時と場合、相手によって表に出てきて認識されているといえるのです。

自己の多元性はアイデンティティ拡散ではない

さて、ゴッフマンに続く社会学の多くの研究においても、自己が相手によって使い分けられ、社会的に呈示される、多元的な性質を持っていることが指摘されています。特に近年、経年的な若者の意識調査の結果をもとに、自己を一貫させるべきであるという若者の意識が目立って低下していること、若者の自己は今や多元化しつつあり、その多元的な顔を状況に応じて切り替えていくという対人関係スタイルが広まりつつあることが指摘されています（浅野 2005）。さらに、若者の中には、場面ごとに出てくるいくつもの自分のどれもがそれぞれに自分らしいもので、複数の自分のどれもが本当の自分であるという多元的な自己を持っている者がいることも示唆されています（浅野 1999）。

また、辻（1999, 2004）も、一九七〇年代以降の対人関係の変化として、いつでも・どこでもつきあいを保つような包括的な対人関係が敬遠され、つきあいの範囲をけじめづけるような限定的な対人関係が好まれるようになってきたこと、そのような限定的な対人関係は、孤独感や虚無感に彩られた希薄な関係とは区別されるべきもので、むしろ関係の充実感につながり、自己が多元的に感じられるからといって、必ずしもアイデンティティの動揺や拡散につながるわけではない――多元的でありつつも安定した「identities」を保ちうる――と指摘しています。そのような対人関係を総合的に解釈するために、複数の中心を持ち、複数の円がゆるやかに束ねられた多元的な「identities」の自我構造も呈示しています。

近年では、小説家の平野啓一郎（2012）が、分人（dividual）という造語を用い、自己の多元性を主張しています。平野は、「一人の人間の中には、複数の分人が存在している。両親との分人、恋人との分人、親友との分人、職場での分人、……あなたという人間は、これらの分人の集合体である」（p. 68）といいます。そして、それらひとつひとつの分人は、反復的なコミュニケーションを重ねることを通じて形成される一種のパターンで、その人と会う回数が増えれば増えるほど、親密さが増せば増すほど、より複雑なコミュニケーションにも対応可能な広がりを持つようになり、それが関係する人間の数だけ、分人として備わっているのが人間であると述べています。

分人の概念は、多元的循環自己と多くの類似性を持っています。たとえば、他者との関係の中で分人

（本書では自己）が存在すること、分人は他者との反復するコミュニケーションのパターンによって形成されること、分人は関係する人間の数だけ複数存在することなどです。

平野は、小説における人物の行動や心情を説明するために、人を「個人（individual）＝分けられないもの」と考えることと対比させ、分人という概念を導入しました。フィクションとはいえ、彼の突き詰めた人間描写には、分人という人間観に非常なリアリティを感じます。

自己心理学の分野においては、ハーマンスとケンペン（Hermans & Kempen 1993）が、対話的自己という概念で多元的な自己群同士の対話によって自己が構造化されるとし、多元的な自己間の関係を理論化しています。溝上（2008）は、ハーマンスの対話的自己は、ジェームズの自己論にバフチンの多声性概念を結合させてできた自己論だといいます。私たちの中にはさまざまな私が存在しています。たとえば、父親としての私、息子としての私、夫としての私、教師としての私、高校時代の同級生の友人としての私など、無数の私が存在します。ハーマンスらの考えでは、無数の私のポジション、それぞれの立場で自己を語ることができます。さらに、自分に関係するすべての他者も私の一部であり、そのポジションを取ることもできる（たとえば、自分の父親としてのポジションで自分を語ることができる）といいます。主体としての私は、さまざまな私のポジションを移動して、それぞれの私のポジション（"I position"[★1]といいます）から語ることによって、物語の中の登場人物同士がやりとりを行うように"I position"間の対話が成立します。複数の私のポジション間の対話は、多声性という概念で、登場人物がそれぞれの声を持ち、筆者の意図から独立して小説を紡ぎ出すとバフチンが考えたのと同じように、複雑な自己物語を構成すると考えられています。

このように、自己が多元的な性質を持つこと、それが必ずしもアイデンティティの拡散や「本当の自分」を失うことにはつながらないことは多くの論で指摘されています。平野（2012）は、唯一無二の本当の自分という幻想は、自己イメージの否定が自己そのものの否定となってしまい、人に不毛な苦しみを与えてきたと述べています。この考え方は、本書が目指すセルフコントロールのための自己モデル構築という目的と方向性を一にしています。自己の多元性はアイデンティティを失わせるものではなく、私たちがより効果的なセルフコントロールを行うための効果的な自己観なのです。

作動自己としての多元的自己

すでに述べたように、多元的循環自己では、時と場合、相手によって、認識される自己は異なると考えます。その意味で認識される自己は、「作動自己」（Markus & Kunda 1986）です（図３-１：p. 44参照）。ここでは多元的循環自己を作動自己の観点から考えます。

マーカスとクンダ（Markus & Kunda 1986）によると、作動自己とは、私たちは複数の自己概念――可能自己や理想自己なども含めた自己概念――を持っており、それら複数の自己概念のうちどれかが、起こった出来事やそのときの状況に刺激されて作動記憶（ワーキングメモリー）で活性化されて意識されると考えます。ちょうど複数ある自己のどれかひとつにスポットライトが当たるように意識されるのです。さらにその自己が他者に語られる際、相手に合わせてアレンジされ、自己呈示が行われたり、逆に自己呈示を控えたりします。

作動自己に関連して自己概念の研究においては、「現実の出来事が意味的関連性に基づいて、脳内に記憶表象として記録され、それに基づいて自己理解がなされる」とする「記憶表象説」と「自己はその時々の感情や身体状態などの主観的要因や社会的状況要因の影響を受け、構成されるものである」とする「構成説」という、大きく考えの異なる説があることが指摘されています（遠藤 2008）。この二つの説については、多元的循環自己と作動自己の考えによって統合した説明が可能です。

私たちの中には、比較的アクセスしやすい記憶表象があるはずです。スポーツを一生懸命がんばっている人にとっては、スポーツに関連させて自分を語ることが多いでしょう。しかし、その人と恋愛談義をしたら、スポーツに関連した自伝的記憶の語りとは異なる語りとなるでしょう。

その人の中で濃い軌跡を持ち、よりアクセスされやすく、思い出されやすい自伝的記憶がありますが（記憶表象説）、現在の状況、語る対象、現在の動機によって、別の表象がアクセスされて表象されうるのです（構成説）。たとえば、高校時代の友人と久しぶりに出会ったときに表出される自己は、高校時代、友人と共有した思い出の中にいる自己です。かつての友人に働きかけ、何らかのフィードバックを受けた循環の軌跡の重なりが久しぶりに、にわかに作動自己として認識されたものです。それは記憶表象があるともいえますし、同時にそのような記憶表象を参照しつつ、その場で構成されたものともいえます。

調査研究における語りは、比較的よくアクセスされていた自己の記憶表象をもとにして調査者に合わせてアレンジされたバージョンです。その語りの背景には濃い循環の軌跡が推測できますが、それでもその自己物語は記憶表象を参考にして、今ここで調査者との関係を通して再構成されたものになっているのです。多元的循環自己は、これまでの自分の経験の記憶表象を基盤としながら、その時と場合、相手によって作動自己として構成され、呈示されるものなのです。

多元的自己と自己呈示とアイデンティティ

次に、多元的循環自己の観点から、自己呈示とアイデンティティについて考えましょう。

多元的循環自己においては、循環の軌跡の重なりが自己として複数認識されると考えるので、さまざまな自己のあり方が説明できます。たとえば自己呈示のあり方です。多元的循環自己がどのような状態にあるかで、自己呈示のあり方が変わってくるのです。

自分を呈示する際、明確な自己を持った人、多元的循環自己でいえば、濃い循環の輪郭を一つでも二つでも認識できる人もいれば、まだ十分な重なりを持った輪郭を自分の中に認められない人もいるでしょう。いいかえると、呈示する基盤となる自己がはっきりある人とない人がいるということです。

基盤となる自己が明確な人は、外からの刺激によって表面的な部分の呈示は変わっても、基盤の部分は変わらないでしょう。一方で、基盤となる自己が明確でない人は、外からの刺激によって呈示される自己が大きく変わってしまうでしょう。

自己意識について長く研究を続けてきた梶田（2016）は、自己の多元性とアイデンティティの関係について、自己の多元化を認め、現代人の自己概念やアイデンティティは、多面的多元的かつ多層的な形をとっており、もはや単純な形での自己定義、自己規定の問題としてアイデンティティの問題を考えることはできないと述べています。その一方で、社会的に呈示される数多くの「顔」なり「ペルソナ」なりの基盤に、何か特定の「アイデンティティ」を持つ人は現代社会においても存在しうると述べています。そして、どのような「場」に行ってどのような「顔」をしても、その下に何か一定の自己意識が透けて見える、「肉付きの仮面」の域に至るなら、つまり「意識世界」（自己の内面的世界）をも十分に巻き込んだ「顔」

ないし「仮面」が時や場を超えて持続するものになっているなら、各種「ペルソナ」の基盤としてひとつの基本的「アイデンティティ」が存在するといってよいと主張しています。

多元的循環自己でいえば、自分の中に濃いスムーズな循環を持った軌跡があり、それを基盤として梶田（2016）のいう基本的アイデンティティの感覚が自分の中にあれば、苦しい思いをせずに外面的な自己呈示に変化を与えることができます。変わるのはあくまで表面的な部分だからです。逆に自分の中にこれといったスムーズな循環が見つからないとき、呈示される自己はその時々、その人ごとに合わせて変わることになり、これこそ自分であるというアイデンティティの感覚を失わせる苦しさをもたらすでしょう。

また、友人から紹介を受けた初対面の人に対して、いきなりトラウマを乗り越えた経験を語ることはまずないでしょう。どこまで自分を出していいのかを慎重に探りながら、相手の話も聞きながら、共通の話題などを話しつつ、少しずつ自分を呈示していくでしょう。そのときに相手の話題に合わせて上手にコミュニケーションをとれる人は、はたから見ると変幻自在のプロテウス的人間（小此木 1981）に見えるかもしれません。しかし、たとえ自己がそのときに接する他者との社会的相互作用から構成され、呈示されるとしても、その背後には、これまでに外界との相互作用を重ねた記憶は循環の軌跡として残り、個人由来の自己の基盤、アイデンティティの感覚の基盤となりうるのです。もちろんそれはあくまで基盤であり、その基盤をもとにして社会的相互作用の関係の中から多元的な自己が呈示されるのですが。

多元的循環自己は、同じ変幻自在に見える自己呈示でも苦しい自己呈示とそうでないアイデンティティに支えられた自己呈示があることを示唆するのです。

インターネットでのコミュニケーションでも立ち現れる自己

多元的循環自己の自己呈示とコミュニケーションに関連して、近年のインターネットの発達についてふれたいと思います。インターネットの発達は、私たちの自己に大きな影響を与えていると思われます。多元的循環自己からいえば、インターネットにおけるブログやＳＮＳ、ツイッターでのやりとりは、物理的な接触がなくとも、他者とコミュニケーションのやりとりが行われるので、その循環の軌跡が重なれば、循環によって立ち現れる自己のひとつとなりえます。

たとえば子育て中の孤立している母親がインターネットのコミュニティで同じ立場の母親と悩みをやりとりすることでつながっている場合、物理的な距離は関係なく、自分を支える大切な循環の軌跡を持つ自己のひとつとして認識されるはずです。また、インターネットでの関係の循環が濃い軌跡を重ねていて、相対的に重要な自己として認識され、かつそこでの自己のあり方が現実の社会生活の中で自分らしさを支えるプラスの働きを持ったとしたら、それは人が生きていくために意味を持った多元的自己のひとつとなりうるでしょう。Ｑ＆Ａサイトで、コンピュータの知識を生かして他の人が困っているコンピュータのトラブルを解決することで感謝されている人は、その経験によって自分の有能感や自己評価を強く支えることができるでしょう。

しかしながら、インターネットの関係性の中で循環を重ねた自己が、現実生活での自己よりも重要視されたり、現実生活での自己像と乖離したりする場合、現実生活においてさまざまなマイナスをもたらす可能性もあるだろうと思います。オンラインゲーム内での人間関係を大事にするあまり、学生生活や仕事や睡眠をおろそかにする場合などです。

ただ何がプラスで何がマイナスかを決めるのは難しいことです。ひきこもりの状態にある人がオンラインゲームにのめり込むことはひきこもりを持続させてしまうマイナス効果ととらえることもできれば、オンラインゲームの中とはいえ、他者との関係を維持し、社会につながる唯一の糸口だとプラスにとらえることもできます。

また、インターネット内の関係の循環によって立ち現れる自己は、匿名性の観点が問題となってきます。もし普段の自分とはまったく別の人格を装って他者に呈示していた場合（たとえば男性がインターネットの中で女性を演じていた場合）、そこでの自己と他の現実生活の中での男性としての多元的自己群との関係はかなりややこしい問題です。なぜなら私たちは普段の日常生活の中でもまったくの素の自分を出しているわけではなく、ある程度仮面をかぶって人と接しているからです。パーソナリティの語源が仮面のペルソナであることが表すように、仮面なしの素の自己などはそもそも存在しないといえます。匿名性にまかせて、ネット上で自分の変えられない属性（たとえば性別）とは別の仮面をかぶっていたとしても、それは私たちの日常生活の自己のあり方と異ならない、程度の問題の可能性もあるのです。

インターネットでまったくの別人格を演じていた場合の循環の軌跡の重なりは、当人の自己となりうるのか、本書の議論から結論を出すのは難しいです。とりあえず、インターネットでのコミュニケーションのやりとりから立ち現れる循環も多元的循環自己のひとつの要素である循環自己となりうることを確認しておきます。

4　外に開かれた循環の軌跡の重なりとしての自己

最後に、多元的循環自己の特徴の三つ目のポイント、多元的循環自己が外に開かれていることを詳しく説明します。

外に開かれた自己

多元的循環自己では、自己として認識される循環は、自らがとる行動（他者とのコミュニケーションも含んだ行動）と、それに対する結果のフィードバックの記憶を意味しています。自己として認識される循環の軌跡は、基本的には外（環境、状況、社会、他者）に開かれています。というのも、行動は必ず何らかの影響を外界にもたらし、その影響は外界からの何らかのフィードバックとなって戻ってくるからです。他者に働きかけたり、話しかけたりすれば、相手から何らかの反応が返ってくるでしょう。他者からの反応を無視して、循環は軌跡を描くことができず、その意味で自己として認識される循環は外界・他者に開かれているのです。

自己を他者との関係性の存在とするとらえ方は、今や社会科学では主流です。すでに言及した家族療法では、患者（とみなされた人）の症状は家族の関係、コミュニケーションパターンから生まれると考え、ナラティブ・セラピーにおいても、「人は他者とともに作り上げた物語的な現実によって自らの経験に意味とまとまりを与え、そうして構成された現実を通して自らの人生を理解し、生きる」（傍点筆者）と、物語自己が個人の産物ではなく、他者との関係の中で共同制作されるものだと考えます（Anderson

& Goolishan 1992)。

多元的循環自己においても、多元的に立ち現れるそれぞれの自己は他者に開かれていることを示してきました。例として、小学校の同級生との関係性の中でかつて小学生だった頃の自己が立ち現れてくることなどがあげられます。また、ベイトソンのシステム論について解説した節（p.29）では、性格の成り立ちにおいても、自己の性格、たとえば「依存性」が本質的に他者との関係から成っていることを示しました。

筆者は大学教員としての「私」を有していますが、それは学生がいて、彼らに私が授業を教えるという行動を繰り返しているからです。つまり筆者一人だけで大学教員としての私にはなれないのです。レイン（Laing 1961）は、「夫がいなければ妻は妻になれないし、子どもがいなければ母は母になれない、パートナーのいない恋人は自称恋人である」と述べ、関係性の中で自己が作られることを指摘しています。これらいずれの考えも、自己の境界が外に開かれ、他者との関係から成り立っていることを示しています。

また、多元的循環自己では、自己の循環を必ずしも他者との関係やコミュニケーションには限定しません。コミュニケーションにおける他者の反応にとどまらず、テストの点数、スポーツの成績、仕事での成績などの出来事も、循環の軌跡の形成、つまり自己形成に関わると考えます。これは、外界、社会、他者とつながりのない「真の自己」はないことを意味します。

考えてみれば当たり前のことです。私たちは自分の行動の結果から完全に自由に自分を作ることはできません。たとえば大学受験をした場合、行動の結果のフィードバック、つまり試験の結果を試験後に自分で変えることはできません。客観的な出来事の結果の意味づけを変えることはできますので、それによって私たちは厳しい現実に突き当たることがあっても生きていくことができます。しかしながら、客観的な行動の結果をまったく無視した一〇〇パーセント恣意的な自己の形成は困難です。事実とまったく異なる、たとえばハーバード大学を首席で卒業といういわゆる学歴詐称によっては、偽りの自己呈示はできても、そこから自己を形成することは難しいのです。自己として認識される循環はそういう意味でも外に開かれているといえます。★2

自己が外に開かれているということは、自己として認識される循環の軌跡を自分だけでは変えられないことを意味します。親子げんかや夫婦げんかを考えればわかるように、私たちの行動は他者と取り結ぶコミュニケーションに縛られています。相手が「ばかっ」と言ったら、私たちがとれる行動はその言葉に縛られて限られます。その限られた行動（たとえば、「そっちこそばかっ」と言う行動）に対して、相手もやはりとることのできる行動が限られ、コミュニケーションのマイナスの連鎖が続くことで、しばしば私たちはけんかをやめたくても自分だけではやめられなくなってしまいます。このようなコミュニケーションの悪循環が問題を引き起こすと考えたのが、家族療法でした。

これに関連して、ベイトソン（Bateson 1972）は、環境と自己とはひとつのシステムだと述べます。そして、自己は環境と一体化したシステムなので、自己だけを変えることはできないといいます。また、環境と自己が一体化したシステムとしての自己を環境から独立させて実体化することは、自分の力だけで自己をコントロールできるという幻想をもたらし、有害であるともいっています。

これに対して本書の立場は、次の通りです。

①自己には実体がないが、人はそれを実体あるものとしてとらえる傾向がある。

②どうして実体化してとらえる傾向があるのかは、循環によって自己が立ち現れるということから説明できる（ライトークで浮かび上がった文字の存在を認識してしまうように自己を認識する）。

③そうやって認識された自己は私たちの行動を左右している。
④ベイトソンの考えと同じく、外に開かれ、環境と一体化されたシステムをなしている自己を自由にコントロールすることはできない。
⑤それでも外界とシステムをなしている自己を的確に認識して、システムに変化をもたらすこと、そして結果的に自己に変化をもたらすコントロールを行うことはできる。

これらは、多元的循環自己に基づいてセルフコントロールを行うときのポイントになっています。

外に開いて変わり続けている循環

もう少し、自己が外に開かれていることを説明していきます。自己は外に開かれているため、常に外界からの影響を受けて変わり続けています。

行動とその結果のフィードバックの記憶としての循環の軌跡は、生きている限り行われ、今も付け加えられ続けています。自己モデルは少しずつ変化を続け、ときには新たな循環が加わり、ある循環の重なりが濃くなり、相対的に別の循環の重なりが薄れたりします。それは、新たな重要な他者との出会い、新しい学校への進学、新しい趣味の発見などです。図 3-1（p. 44）は、常に変化している自己モデルの一場面をストップモーションで止めたものといえます。より的確に表現しようとすれば、アニメーションで循環の軌跡が加わったり薄まったりしていくことを示すほうが適切でしょう。つまり、認識される自己は常に変化し、その意味で、多元的循環自己はプロセスモデルなのです。

ただし、ここでいう「変化している」とは、どんどん変わるという意味ではなく、まったく同じ循環を重ねているわけではないという意味です。外界との相互作用による循環の軌跡の重なりが認識されたものとしての自己は、ホメオスタシスのようにシステムとして同じ状態を保とうと働き、多少の変化では変わらないように保たれているのです。それが自己のある程度の安定性を認識させることになるのです。私たちの認識する自己は変化しつつ安定を保っているといえます。山田（2005）の言を借りれば、自己は「常に、ゆらぎを抱えつつ、生成と崩壊の際限ないシステムが作動しており、しいていえば〝激しく確立（静止）〟している」のです。

動的平衡システムとしての自己

このような外に開かれた自己のあり方は、福岡（2007, 2009）が提唱した「生命とは動的平衡（dynamic equilibrium）にある流れである」という生命の定義と軌を一にしています。

福岡は、生命とは動的な平衡状態にあるシステムであるといいます。すなわち、生命は絶え間ない変化の中で、一見、同じ状態が保たれ続けているシステムであるということです。確固として変わらず存在していると感じられる私たちの身体も、絶え間ない変化によって一見同じ状態に保たれている存在なのです。

福岡は、シェーンハイマーの標識アミノ酸を使った実験をもとに先の主張をしました。シェーンハイマーの実験では、アイソトープ（同位体）を使って他のアミノ酸と区別した「標識アミノ酸」は、それを三日間食べたマウスの全身に瞬く間に散らばり、その半分以上が、脳、筋肉、消化管、肝臓、膵臓、脾臓、血液などありとあらゆる臓器や組織を構成するタンパク質の一部となりました。マウスの身体を構成していたタンパク質は、三日間のうちに、食事由来のアミノ酸に置き換えられ、その分、身体を構成していたタンパク質は捨てられたのです。もちろんマウスの見た目はまったく変わりません。

生命は「サスティナブル（永続的）なシステム」で、一輪車に乗ってバランスを保つときのように、むしろ小刻みに動いているからこそ、平衡を維持できると、福岡はいいます。そして常に動きながら分解と再生を繰り返し、自分を作り替えているがゆえに、環境の変化に適応でき、また自分の傷を癒すことができるといいます。

私たちは普段このような考えをあまりしません。変化しないものについてはそれを確固たる存在としてとらえ、変化を起こそうと思ったら、何らかの働きかけを行うことによって変化を促すでしょう。しかし、その存在が変化し続けていると考えるなら、変化を促すための働きかけも質の違ったものになります。

動的平衡の考え方は、自己に関わるさまざまな問題、特に固定してしまって変わりえないと思われる問題について、解決の糸口を与えてくれます。人間関係、不登校、うつや神経症など心の問題も、絶え間ない動的変化によって同じ状態に保たれていると考えると、そこに解決の糸口が垣間見えてくるのです。

多元的循環自己における自己もいわば動的平衡によって保たれたシステムで、基本的にはこれまでの自己が維持されるように働いています。ですが、その一方で自己というシステムは常に当人の行動の結果や他者とのコミュニケーションの結果のフィードバックによって外界からの影響を受けています。自己は外に開かれ、自己の変化の「種」は常に自己に内在されているのです。もちろん、その種がこれまでのシステムを崩して自己変容という形で花開くまでには、それまでのシステムを崩すような大きな転換とそれに続く新しい行動や関係の循環の軌跡を重ねる必要があります。

閉じた循環による落とし穴

自己は外に開かれていることを示してきましたが、自己は常に開かれているわけではありません。認識される自己となる循環の軌跡は、基本的に外に開かれているとはいえ、ときには自分の内で閉じた循環に陥ってしまう可能性を内在しています。たとえば、こんな行動をとったら、他者はきっとこんな反応を返してくるに違いないと思い込んでしまった場合などです。こんなことをしたら嫌われるのではないかと行動をためらったり、どうせ自分の意見なんて聞いてもらえないだろうと発表するのをためらったり、私たちが日常生活の中でよく経験していることです。

実際に行動したり、対話をしたりするのではなく、自分の行動の結果を前もって悪く予測して行動しなかったり、内在化された他者との対話にとどまって、現実の他者とコミュニケーションしなかったりすると、循環が外に開かず、自分の思い込んだ同じ循環の軌跡を重ねてしまいます。

自分にとって都合のいい思い込みであれば、あまり問題にはならないでしょう。むしろポジティブ幻想の研究（Taylor & Brown 1994 など）が示すように、私たちは物事を客観的、正確にとらえるのではなく、より楽観的、肯定的にとらえる傾向があり、ポジティブに歪んでとらえることがむしろ心理的健康にプラスの効果があるといわれます。現実を反映していない楽観的、肯定的な思い込みは好循環をもたらす可能性があるのです。いい意味でポジティブに歪んでとらえることによって、行動することに対する勇気が湧き、歪んだポジティブな思い込みは循環をより外に開くことになるでしょう。

しかしながら悲観的な思い込みの場合、悲観的な行動予測が行動や対話をためらわせ、本来なら外に開いているはずの循環が自分の中だけで完結してしまい、悪循環が続くことになってしまいます。

社会的ひきこもりの問題について、斎藤（1998）は、本質的な問題として、ひきこもりの「悪循環」を指摘しています。ひきこもりの青年は、はじめ対人恐怖のためにひきこもります。ひきこもると、他者とのコミュニケーションの経験を持てず、コミュニケーション能力を鍛えることができません。そのためひきこもりの青年にとって他者はいつまでも自分の自我を脅かす存在としてとどまり、ひきこもりがより長く悪循環的に続きます。他者とコミュニケーションできないという思い込みが、より他者とのコミュニケーションを閉じてしまうのです。このような状態に陥ったひきこもりから抜け出すためには、自我を脅かす存在と考えている他者とコミュニケートすることによって、他者が自分を脅かさないことを学ぶ必要があるのに、ひきこもっていることによってそれができないという悪循環になっているのです。

歪んだめがねによる、閉じた悪循環による抑うつの増強

自己が外界とのやりとりを閉じてしまい、悪循環に陥ることを説明する理論がいくつかあります。特に抑うつの認知的メカニズムを構築した理論に、抑うつと出来事の認知に悪循環的な相互増強作用があることを仮定しているものがあります。たとえばティーズディル（Teasdale 1985）の抑うつ的処理活性化仮説（図 3-5）では、ストレスフルな出来事に対して、その体験を嫌悪的に認知することで起こった抑うつ気分が、物事のとらえ方（認知処理パタン）をネガティブに解釈するバイアスを発生させ、その物事のとらえ方がより物事を嫌悪的に認知させ、それが抑うつ気分をより強化し、また抑うつに陥っている自分を嫌悪することでさらに抑うつに陥るという、「抑うつについての抑うつ」を引き起こすと考えます。

この現象は、抑うつによってめがねが歪むと物事が歪んで見えるとたとえられるでしょう。抑うつにな

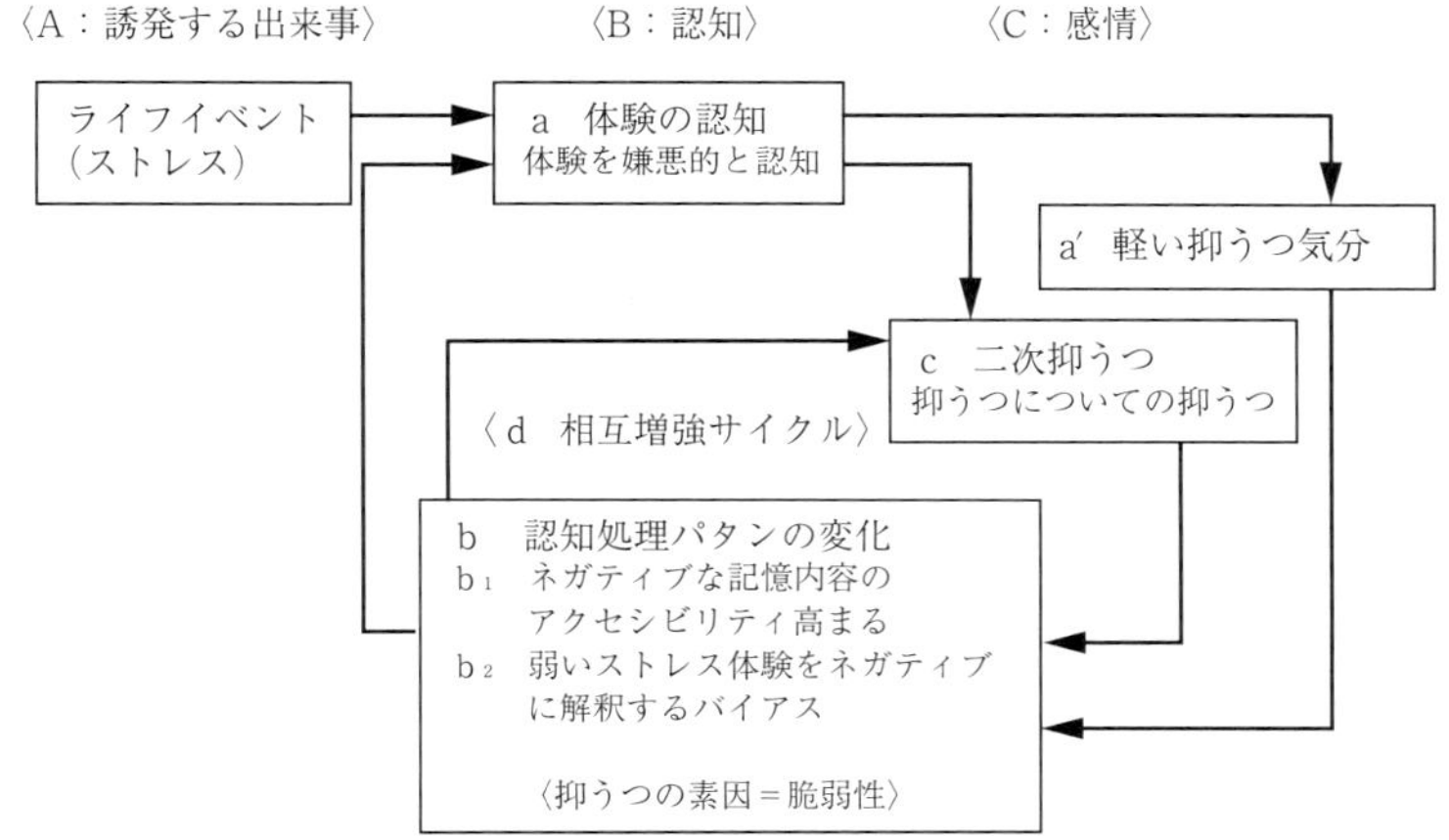

図 3-5　Teasdale の抑うつ的処理活性化仮説（坂本，1997）

ると、抑うつ的に物事が見えてしまうようにめがねが歪みます。そのような歪んだめがねで見ると、抑うつ的に物事が見えて、より抑うつ的になる悪循環が起こります。このとき、客観的に見たら自分にとってポジティブな情報が入ってきたとしても、抑うつ的なめがねによってすべてネガティブに歪んだ、それまでのネガティブな自分を強化する情報として働いてしまうのです。その際、外から情報は入ってきても、実質、循環は内に閉じたものになり、ネガティブな自分を変えることができなくなってしまうのです。まさにシステム的に抑うつ的自己が保たれてしまうということです。

また、反すう（ルミネーション：rumination）という現象があります。牛などの消化の方法を表す言葉ですが、転じて何度も同じ事柄について思考をめぐらせることを意味し、抑うつなどとの関連が指摘されています。伊藤・上里（2001）によると、ネガティブな反すうは、代表的な抑うつの心理的要因である完全主義や帰属様式、メランコリー型性格などよりも、抑うつ状態との関連が高いといいます。

ネガティブな反すうは、牛が自分の胃の中で何回も繰り返して食べ物を消化するように、抑うつによって引き起こされたネガティブな思考が自分の中だけで循環します。ネガティブな思考は外とつながっていないため、自己というシステムがネガティブに維持され、外からの変化の種をとらえることができないのです。

抑うつの薬物療法が効果を持つのは、抑うつと認知の悪循環を断ち切ろうとするときでしょう。すでに述べたように多元的循環自己は、感情や生理学的・神経学的な影響を受けると考えます。生理学的・神経学的に影響を受け、引き起こされた抑うつ的な見方の歪みを薬物療法によって治し、直ったためがねで物事や自己を見て抑うつ的な見方からの脱却を図る、そのような見方を繰り返すことで好循環を作り出す可能性があるのです。抑うつ治療において、薬物治療と心理療法とが併用されるゆえんです。

このように、多元的循環自己は、抑うつの起因を説明する抑うつ的処理活性化仮説と反すうという現象をうまく説明することができます。これは、多元的循環自己の妥当性を担保するものともなっています。

閉じた悪循環から抜け出すための行動

それでは、そのような閉じた悪循環を抜け出す方法を多元的循環自己の観点から考えてみましょう。たとえば、うじうじと一人で悩んでいたことが、人に相談したり、勇気を出して行動したりするとあっさり解決することはよくあります。また、いやな人と思い込んでギクシャクした関係だったのが、よく知り合ううちに、思い込みにすぎなかったことがわかることもしばしばです。本当の意味で外に開かれた循環の軌跡を重ねることで、つまり行動の結果の予測ではなく、実際に行動してみることによって、また内在化された他者ではなく、実際の他者と対話することによって、悪循環の軌跡は好循環に変わる可能性があるのです。

多元的循環自己から考えると、実際に行動したり、他者とコミュニケートしたりするのは、自分でコントロールできない結果が返ってくるために、自己の循環を変える大きな潜在力を持っていると考えられます。どんな結果でも、それをどのように受け取るか、その認知の仕方によって行動の結果の影響力が弱められてしまう可能性は無視できませんが、それでも反すうによって変えられなくなっている思考よりも、行動はずっと循環を変える影響力を持っているのです。

悪循環によって行動できない状態に陥っているときに、行動するのは難しいことですが、それでも、行動することが、何かを変え、悪循環を抜け出すことになるのです。これが多元的循環自己の観点からいえる、悪循環からの脱出法でしょう。

★１　「私のポジション」と訳していますが、あくまで「my position」ではなく、「I position」です。ハーマンスが「I position」と表現するのは、語る主体としての私（I）がさまざまな「〜としての私」にポジションをとってそれぞれ主体として語ることを表現するためです。詳しくは、溝上（2008）を参照してください。

★２　ただし、循環から立ち現れる自己においては、妄想やうそをスタートラインにしても自己が形成されえてしまう（つまり、うそからも自己形成ができてしまう）ため、問題は複雑です。たとえば、コメンテーターとしてそれなりに認められていた者が学歴詐称をしていたことが世間を騒がせました。彼は学歴詐称をしていたからこそ抜擢され、認められていたとはいえ、もしコメンテーターとしてまったく能力がなければ仕事を続けていられなかったわけです。そういう意味で、彼は学歴詐称といううそから始まって、コメンテーターとしての循環を重ね、輪郭を作ってきたのです。もし彼のコメンテーターとしての自己形成が社会的に認められた単なる根拠のない思い込み、たとえば「おれは、学《がく》はないけど、big なコメンテーターになる素質がある」からであったら、彼は社会的にも何の問題もなく自己形成ができたのです。これは自己形成の開始には本質的に根拠がいらないことから起こる問題です。

第Ⅱ部

多元的循環自己から見えてくるもの

――心理的概念・心理療法のとらえ直し――

「循環によって立ち現れる多元的自己」からさまざまな心理的概念をとらえ直す

第３章では本書の自己モデルである「循環によって立ち現れる多元的自己のプロセスモデル（多元的循環自己）」を詳しく説明してきました。ポイントは三つ。ひとつは、自己は行動とその結果のフィードバックの繰り返しの循環の記憶によって立ち現れること、二つ目が、自己は多元的であること、三つ目が自己として認識される循環が外に開かれているプロセスモデルであることでした。

新たな自己モデルが提唱されるということは、それによって自己のとらえ方が変わるということです。自己のとらえ方が変われば、自己に関わるさまざまな心理学的概念のとらえ方も変わってきます。多元的循環自己のモデルに基づくと、さまざまな心理学的概念はどのようにとらえられるのでしょうか。

第Ⅱ部第４章～第７章では、さまざまな心理学的概念――アイデンティティや心理療法、セルフコントロール、心理的成長、自己形成など――が、多元的循環自己に基づくとどのようにとらえられるのか、示していきます。これまでとは異なる見方で自己に関わる概念を見直すことができるとともに、本書の目的である新たな視点でのセルフコントロールをも可能にするでしょう。

第4章　多元的循環自己から見たアイデンティティ

1　多元的循環自己から見たアイデンティティ形成

アイデンティティ形成の基盤としての多元的自己の発達

まず、多元的循環自己に基づき、エリクソン（Erikson 1963, 1967, 1982）の提唱したアイデンティティ形成について考えます。多元的循環自己は、エリクソンのアイデンティティ形成の考え方と親和性が高いです。なぜならエリクソンの漸成図式は、発生学から借りた概念で、発生学はまさにシステム論で説明されるからです。また、エリクソンのアイデンティティ形成の理論は、実は多元的自己の特徴を内在しているのです。

エリクソンの漸成図式は、胎内での生物の器官発生が順番に起こり、その順序が変わらないこと、前の段階の発生が正しく行われないと次の発生が妨げられることなどの特徴を心理的発達のメタファーとして採用したものです。生物の発生はシステム論の範疇にあり、その意味でエリクソンの漸成図式やアイデンティティ形成の理論も多元的循環自己と同じくシステム論に基づいた心理的発達のプロセスモデルといえます。そのために多元的循環自己は、アイデンティティ概念の理解を一歩進め、私たちのアイデンティティ形成の助けとなるのです。

よく知られているように、アイデンティティ形成は青年期の発達課題です。しかし、アイデンティティ形成は青年期のみに行われるものではなく、それ以前の発達段階から準備されています。「アイデンティティは、人生初期のすべての諸段階を通して発達します」とエリクソン（Erikson 1967）は述べています。たとえば、乳児期の発達課題である基本的信頼、幼児期前期の自律性、学童期の勤勉性などは、それぞれ青年期に統合されるためのアイデンティティの基礎・基盤となっています。ひとつ例を出しましょう。乳児期の基本的信頼についてエリクソン（Erikson 1963/1977）は次のように述べています。

> 母親は、乳児の個々の欲求に敏感に応じて世話をし、合せて、その文化の生活様式の信頼されている枠内で彼女自身一個人として信頼されているという確信に満ちているという特質に裏づけられた育て方で、子どもの心の中に信頼感というものを植付ける。これが子どもに同一性の観念の基礎を形作る。この同一性の観念は、後になって「万事申し分なし」という感じと、自分は本来の自分であるという感覚と、他人が自分に対して期待しているような人間になるという意識を併有する。（p. 320）（傍点筆者）

またエリクソンは、歩けるようになった幼児は、「歩くことができる者」として「身体的統御とその文化的意味、そして機能的快感と社会的信望とを同時に経験することを通して」自尊心を獲得し、その自尊心は「自分が確実な未来に向かって有効な手段を学びつつあり、社会的現実の中で明確に定義された自己に発達しつつあるという一つの確信となる」と述べ、自律性（自立性）がアイデンティティの基礎になることを示します。さらに「彼ら（子ども）の自我同一性は、真の業績――すなわち、その文化の中で意味のあることを成し遂げること――が誠意をもって、かつ終始一貫して認められることにより、はじめて真の強さを獲得する」とも述べています。ここの例でいえば、歩けるようになったことが文化の中で意味のある真の業績となるでしょう。

この記述からわかるのは、青年期にアイデンティティ形成を行うにあたっては、それまでの発達段階で獲得してきたさまざまなアイデンティティ、つまりは多元的なアイデンティティ（本書でいえば多元的な自己）の基礎・基盤が必要であるということです。それらのアイデンティティの基盤・基礎を、社会に出て働くという重要な転換期である青年期に統合することが、エリクソンの考える青年期のアイデンティティ形成なのです。

これを考慮に入れて、多元的循環自己からアイデンティティ形成を考えてみます。多元的循環自己においては、自己は外界や他者に働きかける行動とその結果のフィードバックの記憶の重なりによって立ち現れ、認識されるものです。複数認識される自己の中には、スランプに陥っている自分や受験勉強が進まない自分、クラスの友人とうまく会話できない自分もいれば、友人との関係や勉強、仕事が調子よくできている自分、両親や恋人など重要な他者とうまくやっている自分もいます。

他者との関係にせよ、さまざまな分野での活動にせよ、自分が思うように好循環が保たれているとき、もしくはスムーズに維持されていた記憶を想起するとき、その重なりを輪郭として認識される循環自己に対して、エリクソンのいうアイデンティティの感覚が感じられるでしょう。なぜならスムーズな循環はエリクソンの示したアイデンティティの二つの条件、自己の連続性と斉一性を満たすからです（Erikson 1963）。

エリクソンによるアイデンティティの条件のひとつ、自己の連続性は、これまでの自分、今の自分、これからの自分が一貫して同一であるという感覚があることです。もうひとつは、自分の考えている自分と他者の見る自分とが同一であるという斉一性です。これこそ自分だと思っている自分を周りの人たちも（特に重要な他者が）その姿こそあなただと認めることです。

たとえば、「クラブで活躍する自分」という循環があるとしましょう。「クラブで活躍する自分」は、他者と共有されます。そしてクラブでよい成績を上げることが繰り返されることで、その循環が輪郭を持ち、さらに何度も活躍をすることで「クラブで活躍する自分」の循環が濃く認識されます。よい成績を（多少のブレはあっても）残すことは、ある程度の活躍が続いている限り、自己の時間的連続性を満たす条件となります。またそれが社会的に認められる成功として他者に認められることで、これこそ自分だという自分が他者から認められるアイデンティティの条件も満たすことになります。

このような循環を重ねて濃い軌跡として認識される自己と、そこから感じられるアイデンティティの感覚は、ゆくゆくは青年期のアイデンティティ形成の土台になると考えられます。たとえばクラブの部長をしている私、勉強をがんばっている私、数学が得意な私、絵がうまい私、家族とうまくやっている私など、アイデンティティの感覚を感じさせる多元的自己群が青年期のアイデンティティ形成を支えるのです。

青年期においては、選択した役割の行動を繰り返し、その役割において他者とのコミュニケーションを繰り返し、それらの役割について自分自身で認め、同時に他者から認められ、それが繰り返されて濃い循環の軌跡としての自己が立ち現れて認識され、そこにアイデンティティの感覚を感じる必要があります。それまでには、ある程度の時間を経ることが必要です。そして、一連の循環するプロセスを経て、これこそ自分であるという感覚を持った循環を一つでも二つでも作り出すことが、青年期のアイデンティティ形成の発達課題だと考えることができるでしょう。また、そのようなアイデンティティを感じさせる自己は、多元的自己を空虚でバラバラなものにしない接着剤のような役割を果たすことでしょう。

付け加えて考えると、アイデンティティに関連して「本当の自分」「真の自分」といった自分探しは可能かという問題も多元的循環自己から答えが見えてきます。多元的循環自己のように、自己は循環によって立ち現れると考えると、ある程度の循環を経ないと、つまりある程度の時間をかけた行動の繰り返しや他者との関係の循環がないと、本当の自分を感じることができないのです。本当の自分は新しい役割を選んで即座に発見されるのではなく、新しい循環がある程度行われ、循環の軌跡が認識できるようになってから、振り返って感じられるものといえそうです。

濃い循環の喪失によるアイデンティティ拡散

次に、多元的循環自己からアイデンティティ拡散について考えてみましょう。

循環の軌跡の重なりによって立ち現れる自己、もしくはスムーズな循環によって感じられるアイデンティティの感覚は、どちらも自らの行動やその結果のフィードバック、他者との関係の繰り返しによってシステム的に保たれているものです。それらの循環が何らかの理由で徐々に、もしくはにわかに失われたとき、アイデンティティ拡散の危機につながる可能性があります。それまで循環の軌跡を重ねてきたことで認識されていた自己が、循環がズレたり、薄まったり、まったくなくなったりすることで失われてしまうのです。

たとえば、ずっと子どもの世話をしてきた主婦が、子どもが独立して家を離れていったとき、子どもを世話する母親という役割がまったく失われたわけではないのですが、その循環はかつてよりもずっと薄まって明確なアイデンティティの感覚をその循環から感じられなくなるかもしれません。また、スランプや年齢の問題などでこれまで保ってきたような成績を上げられなくなったスポーツ選手は、スポーツ選手であるものの、自分がそれまで保ってきた循環からのズレが大きくなれば、スポーツ選手としてのアイデンティティを感じられなくなるでしょう。定年退職やスポーツ選手の引退、離婚など、これまでの関係やコンピテンス（有能さ）の喪失による循環の停止は、いうまでもなくアイデンティティの拡散のきっかけとなります。

「スポーツオンリーアイデンティフィケーション」であった選手の例（中込 1993）も、まさに循環が失われた事例です。中込が例としてあげた選手は高校時代にすでに日本選手権で優勝するほどの優秀なスポーツ選手でしたが、大学入学を機に競技成績が低下し、優秀なスポーツ選手としてのアイデンティティを保てなくなってしまいました。この選手は、自分のアイデンティティを、高い成績を上げるスポーツ選手としての自分にすべて頼るスポーツオンリーアイデンティフィケーションの状態だったため、競技力が低下し、心理的にかなり厳しい状態になってからも競技にしがみつくような形で不適応を強めていきました。最終的に退部し、その後、過食、留年、異性問題などさまざまな不適応行動を引き起こすことになります。それらの不適応行動は、にわかに失われたアイデンティティを新たな関係の循環によって確立しようとする試みともいえるものでした。

しかし、このようなアイデンティティ拡散は、すべての自己がなくなってしまったことを意味するのではありません。多元的循環自己では、循環の軌跡の重なりによって立ち現れて認識される自己は複数あると考えるからです。そうはいっても、失われてしまった循環としての自己が自分のアイデンティティを支える自己群のうち中心となる濃い主要な循環の場合、その影響は非常に大きくなります。

逆に、他にも循環の軌跡を重ねている重要な自己が残っている場合、たとえば失業しても家族の支えがある場合や、失われた循環が自分にとって比較的重きをおかないものであれば、影響は少なくなります。いいかえれば、ひとつの循環の自己に力点をおくことは、そこから明確なアイデンティティを感じることができる一方で、循環が失われてしまうとアイデンティティ拡散の心理的危機が表面化する可能性を有しています。さまざまな関係による濃い循環の輪郭を多く持っている場合には、主要な循環が失われても相対的にアイデンティティ拡散の度合いは少なくてすむのです。

エリクソン（Erikson 1963, 1982）は、青年期の発達課題を、「アイデンティティ形成」とはせず、「アイデンティティ形成 vs アイデンティティ拡散」と表現しています。これは青年期には単にアイデンティティを形成すれば事足れりなのではなく、アイデンティティ拡散をも取り込みつつ、それよりも優位にアイデンティティ形成をなすことが重要であることを意味しています。アイデンティティ形成 vs アイデンティティ拡散と表現したのは、唯一のアイデンティティに頼ることの危険性を警告したものといえるでしょう。唯一のアイデンティティはそれが失われたときのリスクが大きいのです。

これは、会社の経営において、たったひとつの分野に集中するのではなく、適度な多角化を目指すことに似ています。ひとつの分野に集中すると、失敗したときの会社の痛手は大きくなります。そのため、ある程度の経営の多角化が必要です。一方で多角化しすぎて、本業がおろそかになり会社が傾いてしまうこともよくあります。大きな支えがあればうまくいく多角化も，支えがなければ会社としてはアイデンティティ拡散の状態といえ，存続は難しくなるでしょう。アイデンティティ拡散を上回るバランスでアイデンティティ形成を成し遂げなければならないというエリクソンの考えは，多角化経営のあり方のたとえに合致していると思われます。

こう考えると非常に当たり前の話ですが，学生が就職を決めたならアイデンティティの感覚が得られるというわけではないことがわかります。むしろこれまでの学生という立場の循環自己から，まだ十分な循環を重ねていない職業人という新たな循環自己に多くの比重をおかなければいけないという意味で，希望通りの仕事を得たとしても，就職した当初は重大なアイデンティティ危機の時期になるといえそうです。これまでの主力の分野を捨てて新しい有望と思われる事業に乗り出した会社が事業の立ち上げ段階で危機に陥るようなものです。しばしば問題となる早期離職は単なるミスマッチだけでなく，多元的循環自己の中の重要な循環自己の喪失と新たな循環自己の形成不全のためのアイデンティティ拡散の危機のためといえるかもしれません。

関係のズレによるアイデンティティの拡散

さて，先ほどエリクソンの連続性と斉一性の概念から，自分の思ったようなスムーズな循環がアイデンティティの条件を満たすと述べました。ここではその逆にスムーズな循環が妨げられてアイデンティティが感じられない状態について考えてみます。

先に例としてあげたようにスポーツ選手が思うような成績を上げられなくなったとき，それまでの行動の結果のフィードバックからなる循環が少しずつズレます。ある程度までは練習方法を変えたり、練習量を増やしたりして、それまでと同じような成績を上げられるだけの自分をシステム的に保とうとするでしょうが、他者に認められ自分でも認めていたような成績を保てず、循環がズレてきたとき、それまで持っていたアイデンティティの感覚が失われる可能性が出てきます。

そんなときには、その循環をすっぱりあきらめて別の分野でのアイデンティティを探す、つまりは引退を考えるかもしれません。またそのようにズレた循環をうまく認めていくことも可能かもしれません。剛速球投手が年齢とともに技巧派投手に変わるようなものです。

自分が描くスムーズな循環がもっとも妨げられやすいのは、やはり他者との関係においてでしょう。私たちはしばしば他者から見られている自分と自分が見ている自分との間にズレを感じ、居心地の悪さを感じるものです。エリクソンもアイデンティティの感覚の重要な条件として、自分で認めている自分らしさが他者にも認められる斉一性をあげています。

私たちは、自分に――多元的循環自己では記憶の痕跡としての循環の重なりに――基盤をおきつつ、他者に合わせて自己呈示をします。うまく自己呈示ができたら、アイデンティティの感覚を得ることができます。しかし自己の基盤をうまくおけず、他者に合わせてばかりだったり、基盤にこだわりすぎて他者に合わせてうまく自己呈示できなかったりすると、自分を認められていないという感覚が起こり、アイデンティティも感じられません。相手に合わせ自分を殺してばかりで人間関係に息苦しさを感じてしまう人や、逆に自分を出しすぎて、相手から引かれてしまう人がいるものです。最近の言葉を使えば「空気が読めない」といわれる状態で、そのようなとき、アイデンティティの感覚は障害されます。

しかし、日常的にアイデンティティの感覚が失われはしないけれども、自分のとらえる自分と他者のとらえる自分にほんのちょっとのズレがあることは多いものです。たとえば同窓会で、同級生の思っている、たとえば高校時代の思い出で止まっている私と今の私がズレていると思えることがあります。そんなときは、同級生にお付き合いして昔の自分に戻りつつ、それなりに成長した今の自分もいるのだけれど、と思ったりもします。

このように考えると、自分の基盤を保ちつつ相手に合わせることのバランスをうまく行って自己呈示することが、アイデンティティの拡散を防ぐことになるでしょう。

身体性から生まれる自己とアイデンティティの感覚

唐突かもしれませんが、多元的循環自己から考えると、アイデンティティ形成やアイデンティティ拡散は、地面を蹴るタイミングをうまく合わせて速く走る技術の有無や、ダンスの巧拙さにたとえられそうです。なぜなら多元的循環自己ではコミュニケーションも含めてすべての行動は、環境、外界、他者との相互作用だからです。

走るという運動を考えてみましょう。うまく走るためには足や腕の筋肉をスムーズに動かすことが必要ですが、それだけでは走れません。走るとは、地面と筋肉との相互作用で、地面をタイミングよく連続して蹴ることではじめてスムーズに走ることができるのです。一流のマラソン選手はまるで滑るように走っていますが、それは彼らが自分の筋肉を使って地面とスムーズに相互作用を行えているからです。筋肉から地面への作用、地面からの反作用のタイミングがズレるとうまく走ることができません。たとえば、泥沼のようなところではどんなに筋肉が屈強でも走れません。極端な言い方をすれば、地面がないと走れないのです。これと同じように、外界との相互作用がなければ、すなわち他者がいなければ、自己が保てないのです。アイデンティティの感覚は、ちょうどタイミングよく地面を蹴ることでスムーズに走れているように、社会や他者との相互作用をスムーズに行えているときに感じられるといえます。

ガーゲンとケイ（Gergen & Kaye 1992）は、ナラティブ・セラピーの認識論的考察において、自己物語の有用性は文化固有の〈言語ゲームの手〉や〈ダンスの動き〉として、その文脈の中で適切な行動をとれるかにかかっていると述べています。セラピーに求められるのは、新しい自己理解としての定まった自己物語ではなく、臨機応変に社会や他者とダンスできるような流動的な自己物語の構成だと考えているのです。

地面とリズムを合わせて走れているとき、他者とリズムを合わせてダンスをしているとき、私たちは違和感を持つことはありません。身体の調子が悪くいつものように走れないときや相手に合わせてダンスがうまく踊れないときのように、自分の行動や他者との関係においてスムーズな相互作用ができないときにアイデンティティは障害されるといえます。

このたとえをさらに発展させて考えると、身体を自分の思う通りに動かせているとき、たとえばスポーツ選手が自分の思い通りにパフォーマンスを発揮できているとき、身体的記憶と身体的行動との循環の軌跡の重なりによって、自己とアイデンティティの感覚が生まれてくるといえます。逆に、思うように身体を動かせないとき、アイデンティティ拡散の感覚が生じるといえるでしょう。多元的循環自己のモデルは、自己とは自己物語であるという考え方を超えて、身体的な感覚などもそれが循環を重ねて認識されることで自己やアイデンティティの根拠となりうることを示しているのです。

アイデンティティ群の関係

続いて、多元的循環自己における複数の自己群の関係がどのようなものか、考えていきます。複数の自己群はどのようにアイデンティティの感覚につながっていくのでしょう。

アイデンティティが感じられる多元的な自己群はすべて対等に並立しているのではなく、軌跡を多く重ね、その人にとってアイデンティティの感覚の根拠となる重要度の高い自己もあれば、ほとんど忘れ去られ、ときどき思い出されるだけの自己もあるでしょう。筆者なら、父親としての私、研究者としての私、スポーツ選手としての私、コーチとしての私、高校生であった私など、さまざまな濃淡を持った自己が浮かびます。

多元的循環自己におけるそれぞれの自己は、ある程度独立し、ある程度相互依存的であるといえそうです。ある面の自己がうまくいくと他の面の自己もうまくいくということがあります。たとえば、筆者が大学時代に所属していたクラブでは、「パワーオブラブ」という表現がよく使われていました。彼女ができたばかりの選手が好走したり、いい記録を出したりするときに使われた冗談で、「あいつ、今、パワーオブラブがあるから……」などと使っていました。

また、経営戦略などで使われる概念にシナジー効果があります。相乗効果ともいわれ、二つ以上の分野でのビジネスがそれらの総和以上の効果を持つことを意味します。たとえば、ガソリンスタンドにコンビニを併設することで双方にプラスに働くような場合です。多元的循環自己からいえば、循環によって立ち現れる多元的自己群は、それぞれの自己をうまく機能させれば、シナジー効果を期待することができます。その逆に、ある自己がうまくいかないと他の自己にも影響して、すべてがうまくいかなくなることもありえます。多元的自己間の関係はいいようにも悪いようにも働くのです。

循環によって立ち現れる多元的自己の緩衝性

多元的自己間の関係は、ストレス耐性や問題への対処能力も左右します。濃い循環の軌跡としての自己をどのくらい持っているかによって、ストレスに対する耐性や問題への対処能力が変わる可能性があるのです。

ある人は、複数の濃い循環の軌跡としての自己を認識できています。家庭人としての私、仕事人としての私、地域ボランティアとしての私など、それぞれの分野で関係や実績をしっかり形作っている人が思い浮かびます（図４-１Ａ：次頁）。ある人は唯一の濃い循環を認識しています。スポーツオンリーアイデンティフィケーションのスポーツ選手（p. 88）や、仕事に打ち込み家庭を顧みないサラリーマンなどが例にあげられます（図４-１Ｂ：次頁）。また、どの循環も十分な重なりが認識されず、これこそ自分といった確信を持てる自己を持っていない人もいます（図４-１Ｃ：次頁）。

リンヴィル（Linville 1987）は、自己複雑性緩衝仮説を提唱し、自己の複雑性が高いことが、否定的な出来事やストレスフルな出来事に対する緩衝作用を持つと推測しています。自己の複雑性が高いとは、自己概念が多くの側面に振り分けられ、それぞれの自己概念が明確に区別されていることを意味します。多元的循環自己からいえば、図４-１Ａのように複数の濃い循環の軌跡が認識されている状態です。逆に自己の複雑性が低いとは、図４-１Ｂのように唯一の濃い循環の軌跡としての自己が認識されている場合や、図４-１Ｃのように濃い循環の軌跡がなく循環同士が未分化な状態の場合といえます。

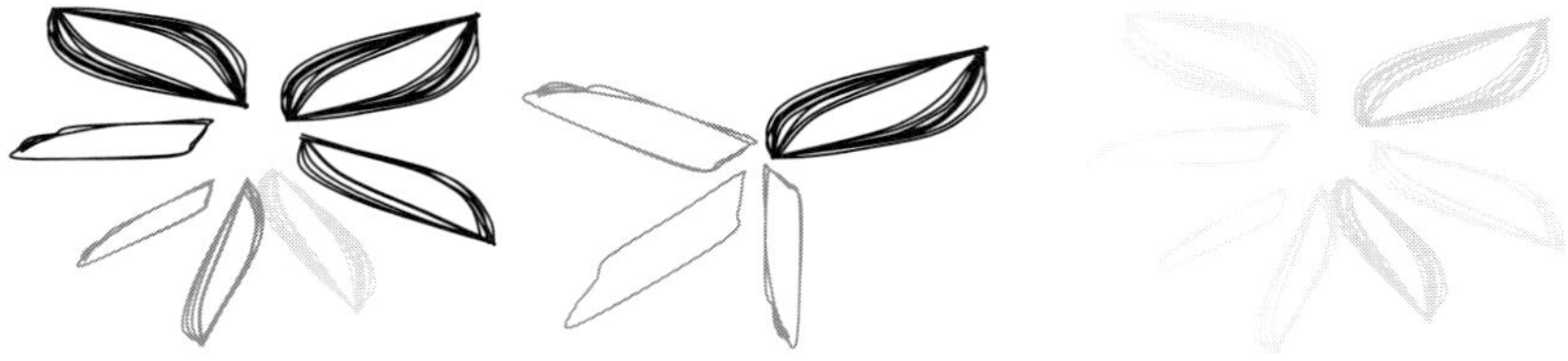

A　B　C

図 4-1　さまざまな多面的自己

図4-1Bのような自己認識をしている人が、濃い循環を形作ってきた仕事がうまくいかなくなったときを考えてみましょう。唯一の自己の軌跡がアイデンティティの感覚の根拠として大きな役割を果たしている分、ストレスが自己全体にかかり、心理的な問題が大きくなる可能性が高くなります。自分にとってすべてである仕事がうまくできない自分はまったくダメだと考えてしまいがちなのです。それに対して、図4-1Aのように複数の濃い循環の軌跡としての自己が認識できる場合、たとえば仕事での失敗があったとしても、家族との関係がうまくいっている場合には、仕事がうまくいかなくても何もかもダメというわけではないと考えることができます。よい循環を重ねた自己が複数あると、他の分野（自己）へ、たとえば抑うつなどが波及することを緩衝することができるのです。

したがって、図4-1Cのように濃い循環の軌跡がなく、それぞれが十分に自己として認識されるような力を持たない場合、いわばアイデンティティが拡散している状態では、何かに失敗したとき、自己が未分化のため、別の分野に波及してしまう可能性が相対的に高くなります。「何をやっても」うまくいかない、と自分をとらえる人はさまざまな分野での循環をごちゃごちゃのひとまとまりにした自己として認識していると考えられます。うつ病をもたらすとされる、「いつでも、何をやっても、自分だけ、うまくいかない」（Abramson, Seligman, & Teasdale 1978 など）という認知の歪みは、うまくいっていない自己の行動とその結果の循環を大雑把にまとめてとらえてしまうことから引き起こされると考えることもできます。

かつて自己の多元性は、アイデンティティ拡散や多重人格のような精神病理を説明するものと考えられていました。今でも、図４-１Ｃのような自己の多元性に伴うアイデンティティ拡散の病理は存在するでしょう。一方で、前述したように特に社会学の分野においては自己の多元性はポスト近代の適応的な自己のあり方として考えられるようになっています（浅野 1999, 2005；辻 1999, 2004；小此木 1981 など）。多元的循環自己では、いくつかの重要な関係性や十分なコンピテンス（有能感）に支えられた濃い循環を持つ多元的自己と、十分な濃い循環を持たず輪郭を持たない拡散した多元的自己とでは、同じ多元的自己でも、その意味も得られるアイデンティティの感覚も大きく異なると考えます。多元的循環自己は、多元的自己の適応性も不適応性も、ともにうまく説明することができるのです。

関係性重視とコンピテンス重視のアイデンティティ

次に、アイデンティティ形成に影響を与える他者との関係性について、多元的循環自己の視点から考えてみます。

エリクソン（Erikson 1963）は、アイデンティティ形成が、個の確立と関係性の次元からなることを示しています。アイデンティティの感覚は、これまでも今もこれからもずっと自分であるという自己の連続性と、これこそ自分であると感じられる自己の斉一性とを感じられると同時に、連続性と斉一性とが重要な他者から認められていることが必要であるといいます。しかし、その後、エリクソンのアイデンティティ確立の考え方は、個の確立の側面が強調され、相対的に関係性の側面が重視されていないと批判されるようになりました。すなわち、女性は、個の確立がなくとも他者との相互的な関係によってアイデンティティを形成していく傾向があり、アイデンティティ形成の質に男女差があるのではないかという指摘です。ジョセルソン（Josselson 1973）は、男性のアイデンティティ形成が、学位や経済的成功のような客観的基準に左右されるのに対して、女性のアイデンティティ形成は、重要な他者の反応に依存すると述べています。一方で、杉村（1999）は、アイデンティティ形成における関係性は女性だけでなく男性にも重要なことで、「関係性はアイデンティティ発達の土壌であり、アイデンティティ発達の中核的なプロセスであり、プロセスを進展させる力を生み出す経験でもある」と述べています。

このようなアイデンティティ形成に関する関係性の男女差や、男女に限らず関係性がアイデンティティ形成プロセスに果たす役割は、多元的循環自己からうまく説明ができます。

多元的循環自己においては、自己として立ち現れる循環の軌跡は他者とのコミュニケーションも含めた行動とその結果のフィードバックの記憶からなると考えます。女性は、その循環が他者とのコミュニケーションや関係によって軌跡を重ねることが多いと解釈できます。対して、男性は自らの行動の結果によって、たとえば仕事の成果やスポーツや勉強の成績によって循環を重ねることが多いと解釈することができます。もちろんそこには男女問わず、個人差もあることでしょう。

また多元的循環自己では、自己は多元的であると考えるので、関係性を重視する循環も仕事の成果のような個人のコンピテンス（有能感）重視の循環も並列させることが可能で、両者の循環の軌跡の濃さのバランスでアイデンティティ形成の特徴を記述することも可能です。たとえば、女性でもキャリアを目指す者は仕事の循環の軌跡を濃くすることでアイデンティティの感覚を獲得し、仕事と子育ての両立を目指す女性は仕事と関係性の循環をバランスよく濃くして、アイデンティティを安定させていくでしょう。男性でも、仕事一辺倒で家庭を顧みない者よりも、仕事も家庭も大事にする方が、仕事がにわかに失われてしまったり、うまくいかなくなったときのアイデンティティ拡散に対する危機管理になるといえます。

うまく両立している例をあげましたが、仕事と子育ての両立が難しく仕事をあきらめざるを得ない、すなわち働く自分という循環を繰り返すことができないこともしばしばあるでしょう。多元的循環自己の観点から考えれば、複数の循環をうまく保ち、関係性とコンピテンスのバランスのよいアイデンティティ形成をするという目指すべき方向性も見えてきます。

多元的循環自己から見た目指すアイデンティティ形成のあり方

ここまで、多元的循環自己の観点から、アイデンティティの形成と拡散を見てきました。では、どのようなアイデンティティ形成のあり方を目指せばよいのかを考えてみましょう。

多元的循環自己の特徴は、私たちがどのような自己のあり方やアイデンティティ形成を目指すべきかについてのヒントを提供してくれます。目指すべき多元的自己やそれらを統合したアイデンティティには、先にあげたシナジー効果のたとえが有効です。会社が倒産しないようにうまくやっていくために、本業を大切にしながらも、一極集中になりすぎないよう適度な多角化を目指すことがあります。本業だけでは、社会の変化などでその分野が利益を上げなくなったときに、すぐに会社がつぶれてしまうことがあるからです。たとえば、レコードやカセットテープを作っていた会社がそれだけにこだわり続けていたら、その会社は今は存在していないかもしれません。

逆に多角化しすぎて本業がおろそかになり、コーポレート・アイデンティティ（ＣＩ）が失われてしまう会社もあります。バブルの時代に本業をおろそかにし、不動産投資の失敗で消えてしまった会社がいくつもありました。コーポレート・アイデンティティは、企業のブランド戦略において使われる言葉で、その会社のアイデンティティ、その会社らしさを保ち、発信する際に使われます。その会社がこれまでに培った歴史の中で、その会社らしさは何かを明らかにしたものです（加藤 1981）。会社はＣＩを保ちつつ、適度な多角化を行い、複数の分野でのシナジー効果を目指すことがよくあります。

社会の変化の中で、会社が生き残りをかけてさまざまにそのあり方を多角化したり、複数のビジネス分野での強調点を変えたりするように、私たちも社会や他者との関係の中で、それまでの人生の中で培ってきた循環を大事にしながらも、自己のあり方を適度に多元化・多角化し、そのときの状況に応じて最適に変えていくことが求められるでしょう。

梶田（2016）は、外部から与えられたものを土台としながらも、自分自身がそこから選び取り、構成した「宣言としてのアイデンティティ」や、かくありたいという「志」を基本的準拠枠とした「志としてのアイデンティティ」、さらには社会的存在としての自己定義からも解放された「生命エネルギーとしての自己」など、自己選択・自己決定の深部にある、自分自身の多様な自己概念群をもっとも基盤において支える基本的アイデンティティを仮定しています。それは企業の経営哲学とパラレルではないかと思われます。自己も企業も、核があることで多元化が可能になるのです。

このように考えると、アイデンティティの形成にあたっては、核となる自己を保ちつつ、複数の自己を持ち、状況や環境、他者に合わせて柔軟にそれぞれの自己を変化させながら、その場に合った自己を呈示し、全体としてのアイデンティティを形成していくことが大切といえるでしょう。

2　新たな循環の軌跡の重なりとしての自己変容

ここからは多元的循環自己の観点から、自己変容、すなわち自分が変わること、自分を変えることについて考えます。多元的循環自己は、転機の語りと成長した自己に循環する性質があることから考案されたので、自己変容や人の成長するプロセスをうまく説明することが可能です。

多元的循環自己からいえば、人が変わるとは、何らかのきっかけを経て、新たな循環の軌跡の重なりが作られることです。転機は、人との出会いや環境変化（による人との出会いも含む）のことが多いようです（杉浦 2005)。新たな環境や関係を得て新たな循環が始まり、それが何度も関係の軌跡を重ねることによってしだいにそれまでになかった新しい認識された自己が立ち現れてくるからでしょう。

循環は常に外に開かれ、他者や環境からフィードバックを受けています。循環を大きく外れるフィードバックでなければ循環は変わらず保たれます。自己は、システムとして現在の状態を保つような性質を持ち、少しの逸脱ではその出来事の受け取り方によって今までと同じ出来事と認知され、自己は保たれます。それに対して、新しい人との出会いや大きな環境変化に直面した場合には、自分の行動に対するフィードバックがそれまでの循環とは大きく異なるために、新しい循環、つまり新しい自分が始まるきっかけとなりうるのです。

可能性としては、ある人と一度出会うだけで、その後その人と関係を重ねなくても新しい自己が立ち現れることがありえます。たとえば、自分の理想とするような人と出会い、その人がどんな生き方をしているのかを知ったとします。そのような人になりたいと行動を続け、そのように行動できた経験が記憶として積み重なり、その人に出会う前のかつての自分とは異なる行動ができるようになったときに自分を振り返ってみると、それまでの自分とは異なる循環の軌跡の重なりを自己として認識できるということです。会ったのは一度だけでも、その人との出会いが転機となって自己を変えるのです。もちろん、教師や恋人との出会いなどによって関係を重ねることで新しい循環の軌跡の重なりとしての自己を認識していくことも一般的でしょう。

杉浦（2005）では、「自己転換の語り」という考え方で、かつての自分から、転機となる何らかのきっかけを経て、新しい自分に変わったという語りが人の成長を促すことを示しました。この場合、それまでの循環の軌跡の重なりが過去の自己として、これまでとは違う新しい循環の軌跡の重なりが新しい自己として、両者が対比的に語られることによって、自己の成長が認識されるようになったといえます。

思い込みによる新たな循環の開始

自己変容について、もう少し考えていきます。

多元的循環自己では、自己として認識される循環の軌跡に確固たる根拠のある始点は必要ないと考えます。行動や関係を積み重ねる中で循環の軌跡が重なり、自己が認識されると考えるのです。これは確固たる根拠がなくても自己を変えることができる可能性を示唆します。いいかえるなら、人は思い込みによって変わることができるということです。もちろん、根拠のある思い込みはより確固とした自己をもたらすでしょう。特に転機の出来事は自己が変わり、成長したという思い込みの根拠を与える重要な出来事となります。転機とは単なる出来事の記憶ではなく、転機の物語であり（杉浦 2005）、自分が変わった理由も説明する出来事の語りだからです。しかしながら、多元的循環自己からいえば、たとえ根拠がなくても、思い込んで循環を重ねたらその思い込みは自己を形作り、維持する原動力となりえます。

奇妙な問いになりますが、「思い込みでアイドルと結婚ができるか」という問いを立ててみます。自己は外界に開かれた往復循環運動ですが、思い込めば必ず思い通りにいくわけではありません。どんなに強く思い込んだとしても、アイドルと結婚できる保証は当然のことながらありません。しかし、自己の循環往復運動には、自己をシステムとして保とうとする働きがあり、思い込みが強ければ、思い込みに基づいた軌道修正が働きます。たとえば就職など人生のさまざまな選択の中で、よりアイドルと出会いやすい道を選ぶことがあるかもしれません。そうすると、アイドルとは結婚できなくても、アイドルを目指していた人やかつて好きだったアイドルに似た人と結婚できるかもしれません。本当に結婚できる可能性もゼロではないでしょう。強く思い込めば、その思い込みは私たちの人生を左右しうるのです。

筆者が小学校６年時に文集に書いた夢は「陸上選手」でした。陸上競技で食べていく夢はかないませんでしたが、今でもボランティアコーチとして陸上競技に携わっています。大リーグで活躍するイチロー選手の小学校６年時の作文が「僕の夢は一流のプロ野球選手になることです」から始まることは有名です。強く夢を持ち続ければ、夢は私たちの自己の循環の軌道に常に影響をわずかながらも与え、その実現に近づく可能性を高めます。変な言い方ですが、夢は思い続ければ微妙にかなえられる（そしてときには夢がかなえられる）と私は考えています。

『思考は現実化する』（Hill 1988/1999）や『人間は自分が考えているような人間になる』（Nightingale 1987/2008）など、思考することによって夢や目標を実現させようとする自己啓発書の主張は、多元的循環自己における思い込みの自己形成に果たす役割から説明が可能です。たとえスタートが思い込みであっても、それが行動と結果のフィードバックの循環を多く重ねることで、自己の変化は新しい自己の輪郭として認識されるようになりうるのです。

循環の重なりによって変わりにくくなる自己

自己として認識される循環の軌跡は、ある程度重なりを経て、システムとしてその重なりを維持するように働きます。もう少し具体的にいえば、循環の軌跡は自伝的記憶の意味も持つので、自分にとって重要な出来事を中心に自伝的記憶を何度も呼び起こしたり、語ったりすることで自分が定まり、しだいにそのような自分に合わせた行動やコミュニケーションをとり、そのような自分として自己を認知するようになるということです。

たとえば、中学時代に先生に薦められて思い切ってクラス委員に立候補し、自分が成長したという経験をきっかけに、高校や大学でもリーダーを積極的に引き受けるようになり、そこに喜びを感じるようになった学生を考えてみましょう。クラス委員をすることで成長したという経験は、後にリーダーを引き受けるための動機づけ、もしくは理由づけになります。リーダー経験がない人に比べて、経験に基づいた動機づけを持っている人はリーダーを引き受けることが多くなり、その経験が重なれば重なるほど、循環も重なります。そして同じような循環が繰り返される可能性が高くなります。つまりはそのようなアイデンティティが維持されるようになるのです。第１章で、循環の軌跡をけもの道にたとえましたが、同じ循環が重なれば重なるほど、その循環が繰り返されやすくなります。

自伝的記憶において、10歳から30歳あたりの記憶が想起されやすいというレミニセンス・バンプ（reminiscence bump）現象があります（Rubin, Wetzler, & Nebes 1986；槇 2008）。その原因のひとつとして、その年代はアイデンティティ形成に関わる移行的な出来事が多く、自伝的記憶を語るときの参照点（プロット）となりやすいからといわれています（槇 2008）。

これを多元的循環自己から考えてみましょう。循環がある程度輪郭をなし、さらに循環の軌跡を重ねていくと、システム的に循環はそれ自体を保つように働きますから、ちょっとの出来事くらいでは変わらなくなります。青年期の転機を経てある程度定まった循環の軌跡としての自己は、それ以降の出来事をシステム的に循環に取り込み、それまでの自己を維持するように働きます。すると自伝的記憶を想起する際には自分が大きく変わった循環の始まりの出来事を重要なプロットとして語ることが多くなり、それ以降の出来事は循環の繰り返しとしてあまり語られないことでしょう。

これは、ある程度循環の軌跡が重なり、そこに輪郭が、すなわち自己が容易に認識できるようになると、その自己は、その後、変わりにくいことを示唆します。それはいい面も悪い面もあります。自己がある程度定まり、安定や安心、アイデンティティの感覚を感じていた場合、自己が変わりにくいことは悪いことではないでしょう。しかし、必ずしも循環の軌跡によって輪郭の見えてくる自己は居心地のいいものばかりではありません。他者との関係やうまくいかない仕事などに苦しむ自己が定まっている場合には、それがシステム的に保たれてしまうがゆえに、変わりたいと思っても変われない苦しさを抱えることになります。

逆にいえば、循環の重なりが十分でなく、輪郭が認識しにくい場合には、アイデンティティが感じられない空虚さや苦しさがあるものの、別の視点から考えれば、まだまだ自己の可塑性が高く、変わる余地を残しているといえます。そう考えると青年期のアイデンティティ拡散もそこにプラスの意味を付与することが可能になるのです。アイデンティティ拡散の状態にいる場合は、新たな循環自己とそれに伴うアイデンティティの感覚を得られる可能性があるのだと肯定的に考えるとよいでしょう。

語りが自己の輪郭を描く

もうひとつ、語りの観点から自己変容について考えてみます。

多元的循環自己では、語りも循環の軌跡を重ねるひとつの行動であると考えます。そうすると、自己語りによって自己の輪郭を明確にすることも十分可能と考えられます。

前述したように、筆者はかつて、スポーツ選手の転機についてインタビュー調査（杉浦 2004）を行いました。インタビューが終了し、選手に調査に協力してくれたお礼を伝えると、しばしば逆に感謝され、お礼を言われました。こちらこそありがとう、と答えていましたが、なぜ感謝されるのか、はじめは疑問でした。またインタビューが終わった選手たちはなぜか少し元気になって帰っていくように見えました。

この調査のインタビューでは、スポーツ選手の転機を調べるべく、語りはじめのきっかけとして自分の競技歴を振り返って語ってもらいました。選手たちは、競技歴を語る際、無意識に自伝を語るような枠組み（Bruner 1985）で自分を語り、それによって、スポーツ選手としてのアイデンティティをより明確に感じるようになったと思われます。多元的循環自己でいえば、インタビューを受けてスポーツ選手としての自分を語ることで、今まではなんとなく感じられていた循環の軌跡の重なりをより明確に認識できるようになったということです。それが自分の今のあり方を明確にし、これから進むあり方を照らし出す効果を持ったのでしょう。端的にいえば、彼らのスポーツ選手としてのアイデンティティが明確になったのです。そして、そのような機会を与えられたので、感謝されたのだと思われます。

同様な意味を持つ働きかけとして、高齢者の回想療法があります。回想療法は高齢者の認知症や抑うつ症状に対する治療法で、高齢者に過去を語ってもらい、それを共感的に傾聴することで、情動の安定や自尊心の回復、アイデンティティ混乱からの回復などを目指すものです（野村 2008）。回想療法の意義を初期に指摘したバトラー（Butler 1963）は、回想とは過去を思い出す行為や過程（傍点筆者）であり、高齢者が過去を思い出し語ることによってそれまでの人生の再構成と統合が可能になることを示しています。

多元的循環自己でいえば、スポーツ選手へのインタビューにしても、高齢者の回想療法にしても、過去を語るという行為が自己として認識される循環の重なりを増やし、混乱したアイデンティティを統合に向かわせたり、これから進む方向性や動機づけを明らかにしたりすることを可能にする、といえます。筆者の個人的関心に基づいた現実的な可能性としては、自伝的回想法を使ったスポーツ選手のメンタルトレーニングができるのではないかと考えています。

このように、多元的循環自己からアイデンティティの形成や自己変容を考えていくと、どのようにアイデンティティを形成し、自分を変えていったらいいか、いくつものヒントが得られることがわかると思います。

第5章　多元的循環自己から見た心理療法

本章では、多元的循環自己の視点から心理療法を考えます。多元的循環自己の基盤となった家族療法に限らず、システム論的な考え方を根底に持つ心理療法は多く存在します。たとえば、家族療法の発展型ともいえる短期療法やナラティヴ・セラピー、物事のとらえ方（＝認知）を重視する論理療法や認知行動療法、それらの発展型であるマインドフルネス認知療法などです。

そもそも心理療法の基本的枠組み自体がシステム論的に自己を見ていると考えることもできます。一般的な心理療法ではおおよそ一週間に一回の時間を決めた面接を行います。これは、面接の働きかけのみでクライエントを治療するというよりも、面接での働きかけを受けてクライエントが一週間の間に自律的に変わっていくことを狙っていると考えられます。いいかえるなら、面接でクライエントの自己というシステムに働きかけることによって、クライエントの自己が自律的システム的に変わることを目指しているのです。

多元的循環自己における自己とは、行動とその結果のフィードバックの記憶が循環の重なりとして立ち現れてきた軌跡が認識されたものです。このモデルからいえば、問題の解決を目指すさまざまな心理療法は、問題を抱えた自己として認識される循環（つまりは悪循環）を変えようとする関わりであると説明できます。

以下、いくつかの心理療法について、それぞれの心理療法が自己としての循環をどう変えようとしているのかを説明します。家族療法、ナラティブ・セラピー、論理療法、認知行動療法につながる認知療法、マインドフルネス認知療法、さらに、家族療法や認知行動療法が提唱するよりもずっと早く、自己認知の悪循環によって心理的な問題が引き起こされると考えた森田療法です。これらの心理療法を多元的循環自己の観点から説明することは、心理療法を新たな視点からとらえると同時に、間接的に多元的循環自己の妥当性を示す根拠になると考えます。

１　多元的循環自己から見た家族療法

まず家族療法がどのように自己の循環を変えようとするのか説明します。すでに述べたように多元的循環自己提唱のきっかけのひとつになったのが家族療法の偽解決です。

家族療法が発展したきっかけは、統合失調症の急性期の入院患者が、ある程度治療が進んだ段階で退院させて家族の中で生活すると、多くの患者が再発を繰り返すとたびたび報告されたことでした（吉川 1993）。これが精神症状は必ずしも患者個人のみに原因が帰せられるのではなく、患者と家族との関係にも原因があるという考えにつながり、ＩＰ（Identified Patient：患者とされる人）という用語が生まれました。

この例を多元的循環自己から考えます。心理療法を行い、クライエントとカウンセラーとの間に新たな関係性が作られて循環の軌跡を重ねたとしても（新たな自己が認識されるようになったとしても）、その関係性の中で認識される自己と家族との間に循環の軌跡を重ねた自己が別に認識される場合、クライエントとカウンセラーの関係性と、クライエントと家族の関係性とは、それぞれ相互に独立した循環の軌跡たる自己を作り出してしまい、家族との関係性においては結局症状が保たれたままになってしまうということです（図 5-1）。

家族療法においては、ＩＰの症状は家族との関係の中で顕在化し、それを解決しようとする努力はむしろ症状を強化してしまう悪循環、すなわち偽解決を引き起こし、症状がシステム論的に維持されてしまうと考えます。そこで、偽解決の悪循環から抜け出すために、それまでの偽解決とは逆の、ときには常識と反する働きかけであるパラドキシカルアプローチをとり、いわば循環を攪乱させて変えようとします。わかりやすい例でいえば、親が不登校の子どもを無理に学校に行かせようとして、逆に子どもが部屋にひきこもってしまうような状況のとき、いろいろな理由をつけて学校に行かないことを奨励するなど、本人が学校に行かなくてもいいような働きかけをします。長谷川（1987）は、不登校の子に、学校に行かないことは自立的で素晴らしい、だから学校など行かなくていい、その代わり母親が外に出て働き口を探し、母親の役割（そうじ、洗濯、食事作りなど）は、すべて

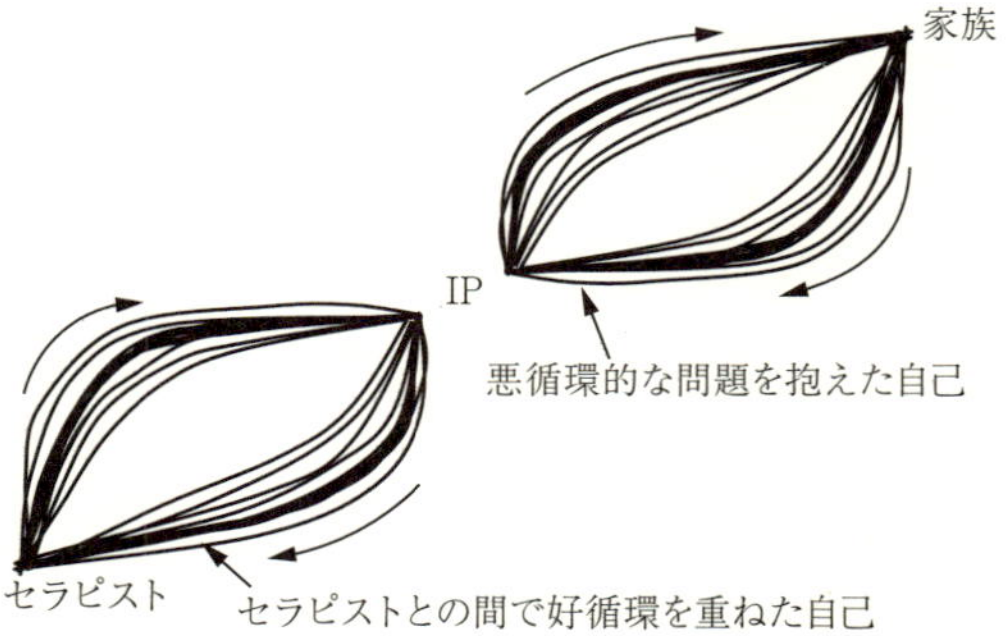

図 5-1　それぞれ独立した「循環によって立ち現れる自己」

君が行うようにという指示で登校につなげた例を示しています。母親が何とか子どもを学校に行かせようとする働きかけがむしろ不登校を強化するように働いていたため、母親を外に出し、子どもを内に閉じ込めるというパラドキシカルアプローチをとったのです。

　このように家族療法では、家族の関係の中で悪循環的に保たれた問題や、悪循環的に問題を抱えてしまった「患者とされる人」に対して、悪循環が解消されるように家族の関係を変え、問題を解消しようとします。これを多元的循環自己から見ると、家族との関係の中で不登校の子（学校へ行けないダメな自分）という役割に固定してしまっていた自己を、学校には行かなくていい、学校に行かないことに価値があるというパラドキシカルな働きかけをすることで、悪循環的な問題を抱えた自己を解消し、新たな家族との関係から生まれる新しい自己の循環を作り出しているといえます（図５-２）。

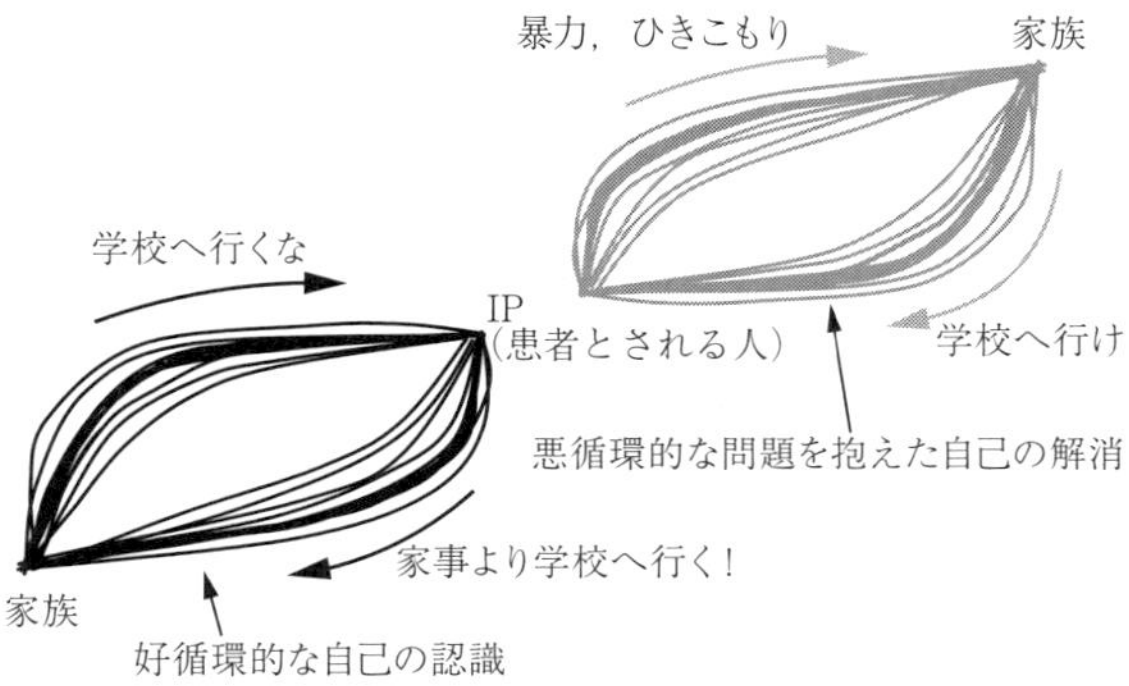

図 5-2　好循環的な自己の認識による
悪循環的な問題を抱えた自己の解消

　家族療法では当初、家族という相互関係にあるシステムが患者とされる人の症状を維持しており、家族療法家（セラピスト）はそのシステムの歪みを見つけ出して是正する客観的な観察者だと考えられていました。それは、マジックミラーによって隣の部屋から家族のコミュニケーションを観察し、その歪みを指摘するという家族療法の方法が典型的に示しています。しかしながら、その後、セラピストは治療を始めた時点で家族と

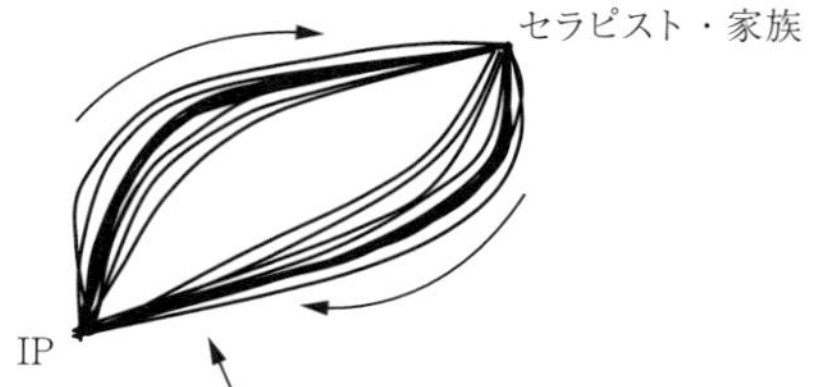
セラピストとの間で好循環を重ねた自己を
基盤として，家族とも好循環を維持する

図 5-3　セラピストとの好循環を基盤とした自己

いうシステムへの新しい参加者であり、家族療法は、新しい参加者としてのセラピストも含めて、これまで抱えていた問題が問題とならないような新しいシステムを作り出す試みであるという考えに変わります。この考え方が後にナラティブ・セラピーにつながります。

この視点からすると、家族療法は、それまでの循環の軌跡の重なりによって浮かび上がった自己が、生きづらさや精神的症状、他者との関係の悪循環などの問題を抱えているとき、セラピストがこれまでとは別の問題を内包しない循環の軌跡を重ねるための、つまり新たな自己を認識させるための「新たな他者」となってクライエントとその家族とともに関係を重ねていく営みといえるでしょう（図5-3）。

2　多元的循環自己から見たナラティブ・セラピー

続いて、ナラティブ・セラピーについて考えます。

ナラティブ・セラピーは家族療法のシステム論的な考え方を発展させています。家族療法は当初、問題は「患者とされる人」ではなく、家族というシステムにあると考えていました。しかし、これでは、個人に原因があるという考え方を家族に原因があると変えただけで、家族療法が否定した直線的因果律（原因があって結果があるという考え方）を脱していないことになります。そこで、家族療法家たちは、社会構成主義（もしくは社会構築主義）を取り入れ、問題は家族のコミュニケーションのパターンによって作られる、もしくは家族のコミュニケーションパターンそのものが問題として認識されるものであるという考え方を採用します。社会構成主義とは、リアリティが人々のコミュニケーションによって共有されることで構成されるという考え方です（Burr 1995 など）。

ホワイトとエプストン（White & Epston 1990）は、家族の問題が維持されていることを、家族がシステムとして働いているからではなく、問題が内在するというストーリー（物語）が家族間で共有されているからだという見方に転換しています。この共有された物語はドミナント（優勢な）・ストーリーと呼ばれます。

ナラティブ・セラピーは、問題を抱えたドミナント・ストーリーを、オルタナティブ（代わりの）・ストーリーに置きかえることで問題を解消しようとします。ドミナント・ストーリーは変えることのできない確固たる真実（リアリティ）に見えるのですが、それはあくまで出来事に対するドミナントなひとつの見方です。ナラティブ・セラピーは、ホワイトとエプストンが「ユニークな結果」と呼ぶ汲み残された出来事を手掛かりにして、問題を内在しない新たな見方のストーリー、つまりオルタナティブ・ストーリーをクライエントとセラピストで共同制作しようとするのです。

ホワイトとエプストンが示した例をあげましょう。キャサリンは子どものときのけがによって慢性的な痛みの後遺症を患っており、そのために人生がうまくいかなくなっていました。そのひとつに、知らない人と接触できないという問題がありました。面接では、知らない人と接触できたエピソードを思い出すように促し、三年前に見知らぬ人にすれ違いざまあいさつができたエピソードが語られました。三年前には何でもないと思っていた経験がユニークな結果として意味づけられることで転機となり、他のユニークな結果も吟味され、キャサリンは新たな人間関係を築いていきます。

ナラティブ・セラピーにおいて、カウンセラーもしくはセラピーのチームの立場は、家族というシステムを客観的に観察して、外からその変化を試みる専門家ではありません。アンダーソンとグーリシャン（Anderson & Goolishan 1992）は、セラピーにおける無知のアプローチを唱え、「クライエントこそ専門家である」と述べます。これは、どのようなドミナント・ストーリーが演じられてしまっているのか、またどのようなユニークな結果が汲み残されているのかを一番よく知っているのはクライエント自身であり、セラピストは、自分は何も知らないのだという姿勢で、クライエントに教えを請いながら、クライエントのストーリーの新たな参加者としてオルタナティブ・ストーリーを共同制作していくことが求められることを意味します。ナラティブ・セラピーの実践者のチキン（Cecchin 1992）は「私は臨床家とは治療というストーリーに参加する出演者であると言いたい」と述べています。

ナラティブ・セラピーを多元的循環自己の視点で考えてみましょう。ドミナント・ストーリーは、クライエントが他者とともに重ねてきた循環の軌跡が認識されたものです。そこに問題が内在していたとしても、循環を重ねたシステムとして容易に変えられないものになっています。それは行動や関係の循環が重なったものにすぎず、何も実体がないにもかかわらず、まるで確固たる現実のように思えてしまうのです。実際には循環にズレはつきものですが、そのズレも濃い循環に隠されて見えなくなっています。たとえば、母親にやさしくされたエピソードは、そうでないエピソードに隠されて思い出されず、いつも自分は母親に冷たくされたという関係の循環の軌跡のみが重なって想起されてしまうのです（図5-4）。

そんなドミナント・ストーリーに対して行うオルタナティブ・ストーリーの共同制作とは、循環の軌跡の重なりからズレている循環をクローズアップして、そこを手掛かりに新たな循環の軌跡をセラピストも参加して重ねていく試みということができるでしょう。たとえば忘れ去られていた母親がやさしくしてくれたひとつのエピソードをユニークな結果として語り直すことでオルタナティブ・ストーリーが生み出されるのです（図５-５）。

その際、セラピストの無知の姿勢とクライエントの人生への新たな参加者という位置づけは、クライエントのそれまでの循環の軌跡を最大限尊重することによって、かつての精神分析や家族療法が陥っていた、

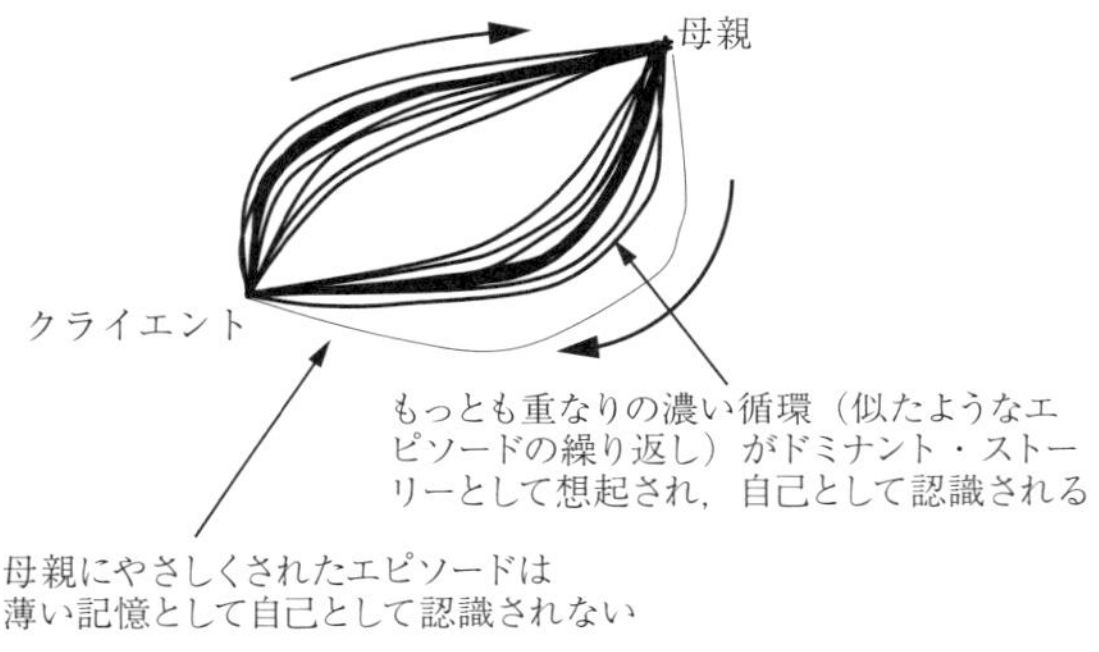

図 5-4　ドミナント・ストーリーとしての循環によって立ち現れる自己

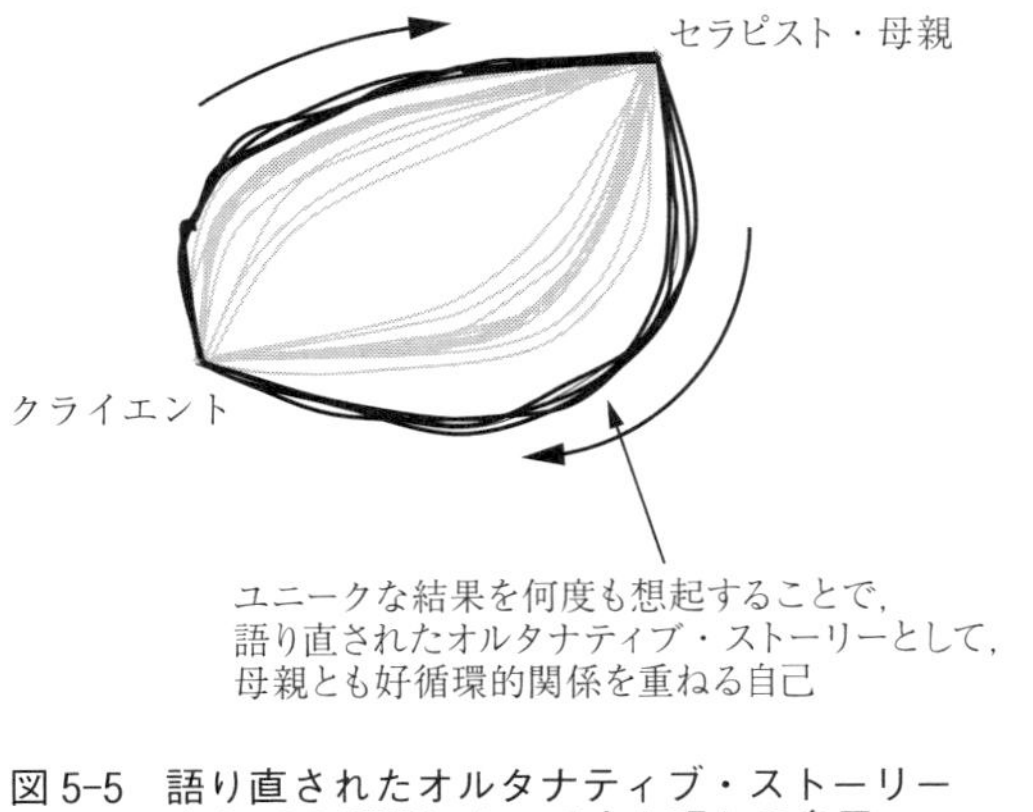

図 5-5　語り直されたオルタナティブ・ストーリーとしての循環によって立ち現れる自己

セラピストとクライエントの関係性と、家族とクライエントの関係性がそれぞれ独立した循環の軌跡を重ねることのないようにする重要な役割を持っています。

ナラティブ・セラピーの考え方からは、クライエントとセラピストが一対一で行う心理療法やカウンセリングの有効性の条件も見えてきます。クライエントとセラピストとの関係性において問題を抱えない循環の軌跡を重ねられたとしても、それだけでは十分ではありません。カウンセリングという限られた空間の中で重ねられた循環の軌跡としての認識された自己がその人の重要な自己となって、他者や家族、社会との関係の循環を安定して重ねられるだけの力を持つようになったときはじめて、カウンセラーとの関係性によって重ねられた循環の軌跡が意味を持つのです。

さらに一般化していえば、私たちの自己は多元的ですが、いくつかの重要な自己が重要な他者との関係性や活動がうまくいくことによるコンピテンスによって支えられ、そのような重要な自己があることで、多様な関係性やさまざまな活動においてうまくやっていくことができるのでしょう。自己の核と感じられるような、重要な他者たちの関係性やコンピテンスに支えられた自己が認識されれば、自分らしさを失わずに他者にさまざまな自己を呈示することもできるでしょうし、自分を見失わずに新たな自分を関係性の中で作り上げたりすることもできると考えられます。

3　多元的循環自己から見た論理療法・認知療法

次にエリス（Ellis 1988）の提唱した論理療法、ベック（Beck 1976）の提唱した認知療法がそれぞれどのように自己としての循環の軌跡を変えていくのか、説明します。論理療法、認知療法は、認知心理学の発展とともに起こった心理療法で、認知、すなわち人のものの見方、物事のとらえ方を問題にします。論理療法も認知療法も抑うつや神経症的症状の治療に効力を持ち、近年非常に力を持ち始めている認知行動療法の源流でもあります。特に重要な共通点は、認知の歪みが症状を生み出しているという考え方です。

エリスやベックが論理療法や認知療法を提唱する前まで、抑うつは感情の障害であり、動機づけの障害や抑うつ的なものの見方、つまり認知の歪みは感情の障害のために起こる二次的障害だと考えられてきました。ところが、エリスやベックは、二次的障害と考えられてきた認知の歪みこそ抑うつの中核的症状だと考えたのです。より正確にいえば、感情障害と認知の歪みが循環的に強化し合い、悪循環的に抑うつ症状を維持していると考えました。

はじめに論理療法の基本的枠組みであるＡＢＣ理論を説明します。Ａは〝Activating event〟で、たとえば留年、離婚、失業など、ストレスや心理的問題を引き起こすような出来事です。それ自体ストレスフルで、抑うつや不安感など、ネガティブな結果Ｃ（Consequence）を強く引き起こすような出来事ですが、Ａはストレートに C につながるのではなく、Ａの出来事をどのように認知するかによってＣが引き起こされるかどうか変わってきます。Ａをどのように認知するかを左右しているのが、信念Ｂ（Belief）です。特に破滅的、否定的な結果をもたらす信念は、非合理的な信念、イラショナル・ビリーフ（irrational belief）と呼ばれています。

イラショナル・ビリーフは、非合理的で、断定的で、過大要求の〝must〟（ねばならない）的考え方の性質を持っています。たとえば、「私は立派な職業を持たねばならない」「私は愛するパートナーと一緒でなければ幸せになれない」「もし私が立派な職業と立派な人間関係を達成しないならば、私は完全につまらない人間である」「私はすべての人から認められなければならない」などです。このようなイラショナル・ビリーフはそれが過大要求であるがために、欲求不満や不安、抑うつ、自己嫌悪、敵意、自己憐憫などの感情を引き起こします。

論理療法は、イラショナル・ビリーフに気づかせ、その考えがどれほど非合理的なものなのかを自ら論駁（反論　D：dispute）し、合理的な信念、ラショナル・ビリーフ（rational　belief）を持たせることによって、Ａの出来事に対して破滅的な結果を引き起こさずともやり過ごせる結果Ｅ（effect）を目指します。このプロセスを含めて、エリスの治療理論はＡＢＣＤＥ理論ともいわれます。

エリスの考えでは、イラショナル・ビリーフには悪循環的に否定的な結果を強化する傾向があります。ある出来事（Ａ）に対して非合理的な信念（Ｂ）は否定的な結果（Ｃ）をしばしば引き起こします。さらに悪いことに、そのように引き起こされた否定的な結果（Ｃ）を受けて、非合理的な信念（Ｂ）はさらに否定的な結果（Ｃ）を循環的に強化するように働いて、エリスのいう二次的問題を引き起こします。

エリス（Ellis 1988/1996）は、「人は一度みじめになると、自分のそのみじめさについて、いとも簡単に自分をみじめにしがちである。もし自分のしていることを観察すれば、自分の不安について、自分で自分を不安にしたり、自分の抑うつについて自分を抑うつにしたり、自分の怒りについて自分で自分に罪障感を持たせていることに気づくはずである」と述べています。

次に認知療法について説明します。ベックは、抑うつや神経症、恐怖症などの心の問題が、「自動思考」によって導かれていると考えました。自動思考とは、ある出来事に対して意識されないまま、ほとんど反射的に頭を駆けぬけていくような非適応的な否定的思考もしくはイメージで、不快感や苦しみを引き起こしたり、自己敗北的行動を生じさせたりします。自動思考においては、多くの場合、現実が歪められて認知され、客観的に見ればこじつけだったり、ばかげた考えだったとしても、その考えを捨て去ることができません。ベックの示したうつ病患者は、「母親が自分の行動全体に否定的である、自分の洋服の着こなし方に批判的である、雇い主が自分のした仕事を認めていない、妻が自分の性行為を軽蔑している、治療者が自分の知性を低く評価している」などの否定的思考を、正反対の客観的証拠が示されても、うつから回復するまで抱き続けていたといいます。

認知療法は、このような歪んだ現実認知がなされている自動思考を同定し、その誤りを修正したり、その考えにとらわれないように距離をおいたりすることで、過剰で不適切な情緒反応（抑うつ、神経症、深い悩み、恐怖症など）を軽減しようとするさまざまな心理的アプローチです。ベックは、認知療法を「患者の苦しみや障害の原因になっている歪曲、自己指令、自己非難を明確化し、その基底にあってこうした誤った自己信号を生み出している規則を患者が書きかえていくことを助けること」と述べています。認知療法は後に行動療法の技法なども取り入れて、認知行動療法に発展しています。

自動思考によって感情障害や不適切な情緒反応が引き起こされる心理的プロセスにも悪循環的側面は存在しています。自動思考はセルフトークのように、自分自身にその否定的考えを言い聞かすように働きます。たとえば、妻が死んでから何年間も抑うつ状態にあった男性は「妻が死んだのは、私が悪かったんだ」「彼女なしでは生きていけない」「これから満足できることなど何もないだろう」という考えに心奪われていました。これらの思考が彼の頭の中に自動的に浮かんでくることによって、自分自身に「これから満足できることは何もない」と言い聞かせることとなり、満足できることが何もない抑うつの状態から抜け出せなくなっているのです。

ベック（Beck 1976/1990）は、うつ病が悪化し続ける過程をシステム論であるフィードバック・モデルを用いて説明できるといい、「患者が否定的な態度をとることによって、気分の沈み込み、喪失感、身体症状が否定的に解釈されるようになる。自分には欠陥があり、それを改善することはできないという結論は、その患者の否定的な予測や否定的自己イメージを強化する。その結果、悲しみが強まり、環境からの〝要求〟を避けたいという気持ちも強くなってくる。こうして悪循環が繰り返されることになるのである」と述べます。そして、治療的介入として、患者が自分の体験をどのように歪曲し続けているかを患者が認識できるように治療者が手助けをすることで、患者の自己批判的傾向やペシミズムを和らげ、うつが悪化し続ける悪循環的なつながりを遮ることができると指摘しています。

自己認知の循環的性質

論理療法、認知療法について、多元的循環自己との関連で注目したいのが、両者とも自己認知の歪みが悪循環をもたらし、心の問題を導くと考えているところです。自分で自分を認識するという心のプロセスには、自分がその心の働きのプロセスや方向性を変えようと意識しなければ、基本的には現在の自己認識を同じ方向に強化する力が働いていると思われます。否定的な自己認識は、否定的な自己認識の方向性を維持したり、より強化したりするように働くのです。もちろんその逆に肯定的な自己認識が肯定的な方向性を維持、強化するように働くこともあるでしょう。

多元的循環自己から説明すると、循環の軌跡の重なりによって立ち現れた自己を認識主体としての自分が認識します。そこでどのような自己が認識されたかによって、認識主体がどのように自己を認識するかが左右されます。たとえば循環の軌跡の重なりによって立ち現れた自己が否定的であった場合（客観的に見ても否定的に見ざるを得ない場合もあれば、まったくの思い込みの場合もあります）、否定的に認識された自己に影響を受けて、認識主体としての自分は否定的な視点で再び自己を認識してしまうのです。「自分はダメなヤツだ」と思って自分を振り返ると、より自分がダメなヤツに見えてしまうということです（図3-2：p.44参照）。

私たちが思考したり、行動したりするとき、自分が認識する自己に影響を受けています。ふだん私たちは内省することで、破滅的な考え方を打ち消したり、否定的な結果をもたらすような行動を踏みとどまったりし、悪循環に陥らないように自分をコントロールしています。自分が認識した自己に引っ張られすぎないように軌道修正を行っているわけです。

それに対して、イラショナル・ビリーフや自動思考など、自分が気づいていなかったり、変えにくかったりする認知の歪みの場合、内省の調整機能が働かず、悪循環に陥ってしまうのです。論理療法も認知療法も、気づかれていないイラショナル・ビリーフや自動思考に気づかせ、その考え方を変化させることで、本来的に適応的な心理状態や行動を導く内省の機能を正しく働かせることを目指しています。ベック（Beck 1976/1990）は、フロイトに代表される「心理的問題が無意識の影響を受ける」という考えに反対し、「自分の心理的な問題を理解し、解決する鍵はその人自身の意識の範囲内に存在している」と述べています。これは、本書の主張と共通する考えで、自己モデルを提唱する理由のひとつです。本書では、より的確な自己モデルで自己を意識的に認識できるようになることで、心理的な問題を予防したり解決したりできるようになる、すなわちセルフコントロールが可能になるはずだという考えに基づき、新しい自己モデルを提唱しています。

4　多元的循環自己から見たマインドフルネス認知療法

エリスの論理療法、ベックの認知療法とも、否定的に歪んだ考え方を変容させることによって心の問題を克服しようとする心理療法でした。それに対して、歪んだ認知はそのままにし、そのような考え方から距離をおくことで心の問題を解決しようとする心理療法が、近年起こってきました。マインドフルネス認知療法と呼ばれるこの心理療法は、仏教で行われる瞑想をベースにしたものです。呼吸や日常の生活音、はてはレーズンなどにまで能動的に注意を向けることによって、イラショナル・ビリーフや自動思考のような否定的な思考から距離をおき、それらの否定的思考が悪循環的に抑うつなどを強化することを阻止しようとします（Kabat-Zinn 1990 など）。

マインドフルネス認知療法が起こってきたのにはいくつかの理由があります。まず論理療法や認知療法によって否定的な思考を修正しようとしても、それが困難だったことです。もうひとつは治療後にも否定的な認知傾向は残ってわずかなきっかけで表面化しやすいこと、そのような否定的な認知傾向は気質的に変わりにくい可能性が示唆されたことです（Teasdale & Dent 1987）。より重要なことは、否定的な認知傾向が変わりにくい（もしくは実際に変わらなかった）にもかかわらず、それらを変容させようとした認知療法が効果を持ったことです。認知療法によって否定的な認知傾向やその間違いに気づいた者は、否定的な思考が再びわき起こってきたとき、その思考から距離をおき、悪循環的なマイナススパイラルに落ち込まずに済んだと考えられます（杉浦 2008）。

マインドフルネス認知療法における心の問題が維持されるプロセスは、エリスやベックの考えた否定的な認知が引き起こす悪循環です。多元的循環自己から考えると、否定的な自己認知に基づいて思考したり行動したりすることが否定的な自己の循環の重なりをより濃く維持し続ける悪循環となり、それが続いてしまうということです。マインドフルネス認知療法は、否定的な考えに基づいてさらに重なりを濃くする否定的な自己の循環を、その考えから距離をおくことによって止め、否定的な自己が悪循環的に立ち現れないようにしているといえるでしょう。

悪循環を変えること、悪循環から外れること

本書では、自己がシステム的に維持されると述べてきましたが、私たちの意思がまったく及ばないところで自律的に自己が存在しているというわけではありません。ベックは否定的な思考を自動思考と呼び、それが自律的、反射的に繰り返し起こることを明らかにしましたが、実際のところ、否定的な思考に従って悪循環に陥る選択をして否定的な自己というシステムを維持しているのは、つまるところ自分なのです。視点を変えていえば、さまざまな心の問題や症状は、常に自分で作り出し続けているものなのです。河合（1998）はユングの「神経症は日々作られる」という言葉を引用し、神経症が過去の出来事の結果として起こるのではなく、繰り返し同じファンタジーが抱かれることによって維持されること、クライエントは過去の外傷経験によって受動的に神経症になっているのではなく、現在において主体的に（神経症の）ファンタジーを創造しているのだということに気づかないと治療が始まらないと述べています。

多元的循環自己からいえば、否定的な自己認知に基づいて引き続き否定的な思考や行動を行うかどうか、いいかえるなら次の循環でどのような軌跡を描くかは、気づいていないことが多いですが（そして、それによって多くの問題が引き起こされているのですが）、自分の主体性にまかされているのです。

論理療法や認知療法は悪循環により心の問題が引き起こされているとき、悪循環を牽引している否定的な思考に気づかせ、変容させることによって悪循環を好循環に変えようとします。マインドフルネス認知療法は、悪循環を牽引している否定的な思考がたとえ変えられなくとも、それらの否定的思考に気づき距離をおくことによって、次の思考や行動の選択の自由を獲得させて悪循環から抜け出そうとします。

マインドフルネス認知療法は、うつ病治癒後の症状再発を防ぐのに効果的といわれています。うつ病の治癒後も否定的な認知自体はそのまま保たれているために、放っておけば再び悪循環にとらわれて症状が再発してしまう可能性があるのに対して、マインドフルネスの技法を学ぶことで悪循環を食い止め、再発を防ぐことができるからです。悪循環を食い止めて症状再発を抑えるマインドフルネスのセルフコントロールは、悪循環に陥らないことを目指す多元的循環自己に基づくセルフコントロールのあり方に大いに参考になると考えます。どちらのセルフコントロールも、心のプロセスすべてをコントロールできなくとも、問題を解決することができると考えているのです。

5　多元的循環自己から見た森田療法

最後に、森田療法について述べたいと思います。森田療法は、森田正馬が自身の神経症的症状を克服する過程で生み出した、神経症や心身症、強迫症状、うつなどに効果を発揮する心理療法です。森田療法の提唱は一九二〇年～一九三〇年代で、かなり時代をさかのぼることになりますが、認知行動療法やマインドフルネス認知療法にも通じる理論と方法に基づいており、現代の心理的問題や多元的循環自己に対しても新しい視点を提供すると考えられます。森田療法は、少しずつ修正が加えられながら現在も行われています。当初は入院による治療が中心でしたが、現在は通院治療や薬物療法との併用がされています（北西 2005）。

本書で森田療法を取り上げるのは、森田療法における心理的問題（森田神経質といわれ、現在の神経症、不安障害などと重なります）が、過剰な自己認識とそれに伴う誤った対処による悪循環から引き起こされると考えられているからです。

まずは森田療法が考える悪循環による心理的問題の機序について示します。森田（2004）は、心理的問題が起こる際の過剰な自己認識による悪循環の仕組みを「精神交互作用」と名づけています。

> 神経質について私がいう精神交互作用とは、われわれがある感覚に対して注意を集中すれば、その感覚は鋭敏になり、そうして鋭敏になった感覚はさらにそこに注意を固着させ、この感覚と注意が相まって交互に作用することによりその感覚をますます強大にする、そういう精神過程を名づけたものである。（p. 30）

体調が悪かったり、風邪を引いたり、ちょっとした腹痛があるようなときには、その症状に対して誰もが注意を向けるでしょう。しかしながらある程度時間が経って症状が少しずつおさまれば、自然と注意を向けることがなくなります。

ところが、森田がヒポコンドリー性基調と名づけた、内向的で自己内省傾向が強く、そのために自己の身体的、精神的不快や、病的感覚に対して気がつきやすく、とらわれやすい者は、それらの病的感覚に過敏に注意を向け続けるあまり、ちょっとした変化、異常にも鋭敏になり、いつまでも症状にとらわれ続けることになります。たとえば、そんな人が心臓の動悸に注意を向けたとき、自分は心臓病ではないかと不安になり、動悸に注意を向けることによって、より動悸が気になり不安が高まっていきます。気にしないようにしようと試みることで逆に気になり、また動悸が起こるのではないかという予期不安にとらわれて自己暗示的に動悸を引き起こしたり、動悸が起こるのが怖くて外出できなくなったりなど、さまざまな問題が悪循環的に起こってしまうのです。実際に不安にとらわれることで交感神経が亢進し、脈拍が増えることもあれば、実際には脈拍は正常なのに、動悸がすると感じてしまうこともあります。いずれにせよ、実際には心臓はまったく正常にもかかわらず、動悸症状にとらわれることによって症状が維持されてしまうのです。

さらには、このような症状があるから安静安楽にしなければならない、症状がなくなればなんでもできるのにと考え、安静に床に伏せることによって体力は落ち、少し動いただけで動悸がするなど、さらに症状にとらわれて、本当の病人のようになってしまいます。今でいうひきこもりのような状態でしょう。

森田（2004）は、「神経質患者の頭重や不眠や強迫観念のようなものは、みなもとは常人の普通の感覚、感想が、患者の病的誤想によって自己暗示的に固着した信念である」（p. 54）と述べています。つまり、森田のいう神経質患者は、自己注目の悪循環によって自ら症状を作り出してしまっているのです。

多元的循環自己でいえば、自分で思い込んだ症状にとらわれて、同じ循環だけを自己強化的に繰り返し、その循環の軌跡のみが強く重なってしまう状態でしょう。たとえば、性病恐怖などで検査が陰性になっても安心できず、何度も検査を繰り返すような症状の場合に、症状に注意が固着しているために、検査結果が間違っているのではないかと考えたりして、同じ循環を自ら重ねてしまっている状態です。

森田療法の治療法

森田療法は、すべての活動を禁止する絶対臥褥《がじょく》を含んだ入院療法を原則としていました。現在では通院療法も行われていますが、森田療法の治療原理を理解するためには、入院療法を説明するのが適切と思われます。

森田療法では、過剰な自己注目と、症状を重くするように働いてしまう誤った対処による悪循環によって症状が維持されると考えます。そのため、治療の目指すところは悪循環からの脱却です。入院療法のプロセスもこの目的を果たすために定められ、大きく絶対臥褥期、軽作業期、重作業期、実際生活期の四期に分けられます（森田 2004）。

絶対臥褥期は、食事やトイレなど必要最小限の活動を除き、一切の活動や気晴らし（読書や運動はもちろん、鼻歌まで）、対人コミュニケーションを禁止して床に臥すことを求める期間です。入院治療を受ける者は、だいたい一週間程度この期間を過ごすことになります。この期間は、初期統合失調症のスクリーニングという意味もありますが、もっとも重要なのは、不安や恐怖をありのまま経験することです。森田療法においては、クライエントが不安や恐怖にとらわれて行う、それらの感情を排除しようとする対処がむしろ不安や恐怖に注目させ、悪循環的に症状を悪くしていると考えます。これは「とらわれ」と呼ばれています。またこのような悪循環を引き起こす対処を「はからい」と呼びます。絶対臥褥期は、はからいを禁止して不安や恐怖をありのまま経験することを求めます。クライエントは、不安や恐怖をありのまま経験する過程で、はからいをしなくとも自然と不安や恐怖が治まっていくことを経験するのです。それとともに、あえてすべての行動を禁止することで、何かしたいという気持ちがわいてきます。これは、それまで不安や恐怖に対するはからいによって精神的肉体的に疲弊していたからでもあります。このような前向きな何かしたいという気持ちが起こったところで次の軽作業期に移ります。

軽作業期はおよそ一週間程度です。軽作業期では、ごく軽い作業を行うことになります。計画だった作業や他の人と協力をした活動などは行わず、落ち葉ひろいや草取りなど、何でも目についた作業を始めます。軽作業は、ひとつは不安や恐怖を抱えながらも行動できることを経験することが目的です。クライエントは不安や恐怖などの症状があるために何もできない、症状がなくなったら何でもできるのにと思っています。しかし、そのように考えることで、不安や恐怖を除去しようと意識して、そこから注意をそらすことができなくなり、より強く不安や恐怖を感じてしまったり、不安や恐怖を取り除こうとする行動以外の行動ができなくなったりしています。それに対して森田療法では、不安や恐怖はよりよく生きようとする欲望（これは生の欲望と呼ばれます）を強く持つことで自然と起こってくる感情であり、はからいによる悪循環に陥らなければ自然と治まるので、ありのままに感じて行動すればよいと考えます。そのため、不安や恐怖を抱えたまま軽作業することを求めるのです。そこで、クライエントは、不安や恐怖を抱えたままでも行動できることを、身をもって経験するのです。

また、計画だった作業ではなく、何でも目についたことを行うのは、これまで自分の症状に向いていた注意を外に向けることで、おのずからやることが見えてくる気づきを経験できるからです。たとえば、森田の自宅で行う入院療法では庭仕事などを行っていましたが、不安や恐怖をありのまま感じることで、これまで症状に向いていた注意が外に向き、草が伸びていることや落ち葉がたまって見苦しいことに気づき、きれいにしたいという気持ちが行動を促し、不安や恐怖を抱えたままでも行動ができることを体験できるのです。この時期には日記指導も始まります。日々の様子を日記に書き、それに対して朱書きをして返すのです。ありのまま感じること、不安や恐怖を抱えたままでも作業することなど、森田療法が目指すあり方に導くコメントをつけていきます。

続いて重作業期に入ります。軽作業期には少し物足りないくらいだった作業量が、重作業期では、ほぼフルタイムで作業に没頭することになり、質的にも肉体的な疲労と充実感を味わえる作業となります。順調にいくと、不安や恐怖を抱えたまま作業を行えるようになったり、とらわれから抜けることで悪循環がなくなり、症状を感じなくなったりしていきます。この時期は人により期間の長短があります。

最後に実際生活期になります。重作業期まではある程度守られた環境での生活ですが、実際生活期では、病院外部に出ての行動が求められます。ここで不安や恐怖を抱えながら活動できるようになることが、その後の日常生活のためのリハビリともなります。

これらすべての期間を経る入院療法は数十日から半年程度となります。

森田療法の治療理論

森田療法は、修行的な治療方法や、禅や仏教の言葉を使って目指すものが説明されたため、東洋的かつ神秘的な心理療法との印象があります（筆者自身、当初はそう思っていました）。しかし実際には、その方法や理論は、森田がさまざまな試行錯誤を経て経験的に導き出した、かなりシステマチックかつ明確な基本的理論に基づいた心理療法です。小異はあるにせよ、本書で取り上げてきた論理療法や認知療法、家族療法、ナラティブ・セラピー、マインドフルネス認知療法との共通性も多く見られます。森田療法の実践家である北西（2001）は、森田療法は戦略的短期療法であると述べています。

森田療法の治療は、精神交互作用によるとらわれとはからいの悪循環によってもたらされた不安や恐怖などの心理的問題を、それらの感情をあるがまま認めることによって悪循環を解き、それらを抱えたままでも日常を生きていけるように、その人の生き方、考え方を変えることです。不安や恐怖などの感情は誰もが感じる自然なものであり、それらを排除しようとか、感じないようにしようとする余計な対処、すなわちはからいをしなければ、しだいにその強度は減じていくと考えています。たとえば新しい環境で出会った人たちとの間で起こる緊張は長く付き合っていくうちにしだいに起こらなくなるでしょうし、新しい職場での不安も夢中で働いているうちに治まっていくでしょう。極端にいえば子どもを亡くした母親や父親の悲しみも十年も月日が経てば、当初の悲しみよりも薄れていくはずだということです。それが緊張や不安、悲しみを打ち消そうとしたり、感じないようにしたりすることで逆に増強されると考えるのです。ちなみに、感情や症状を打ち消そう、なくそうとして、むしろそれらが強まってしまうことを、森田は「思考の矛盾」と名づけています。目指した考えとその結果がまったく逆になってしまうことを意味しています。

それに対して森田療法では、不安や恐怖などの感情を、いっさいのはからいをなくして感じさせ、はからいをしないことで感情が悪化せずに薄れていくことを経験させることで、悪循環からの脱却の一歩に気づかせます。さらに不安や恐怖などの感情があっても行動できることを経験させ、作業に没頭することで自然に症状が感じられなくなることを目指します。もともと症状に注意を向けてそれをなくそうと対処することで症状が悪化するわけですから、作業に没頭（三昧といいます）することで結果的に症状は治まっていくと考えているのです。

森田療法は心の問題がなぜ起こるのか、理論に基づいた一定のプログラムによってシステマチックに行われます。治療では、治療者の共感や受容、クライエントとの心の交流といった心理療法に当たり前に必要なものも求められ、近年では定型的な入院療法ではなく、森田療法の考えを生かした折衷的な心理療法が多くなっていますが、森田が入院療法で行ったシステマチックな治療とその基盤となる理論は、現在でも十分有効であると考えます。

多元的循環自己と森田療法

森田療法の考え方を多元的循環自己から説明しましょう。森田療法でクライエントの症状は、とらわれとはからいによる悪循環から生み出されると考えます。先に述べたように、とらわれは、症状にとらわれたかのように症状に注意を向けることから逃れられない状態で、はからいとは、症状を何とかコントロールしようとしたり、なくそうと努力したりすることが逆に症状を顕在化させるような行動です。森田療法では、とらわれとはからいの悪循環によって症状は相乗的に悪化していくので、とらわれとはからいをなくすことで、悪循環から抜け出し、症状が緩和していくと考えます。

多元的循環自己からとらえ直すと、症状を抱えた者は、「症状を抱えた自己」の循環が重なり輪郭がさらに明確に認識されていくと同時に、症状を何とかしようとする努力（はからい）がことごとく失敗することによって症状を抱えた自己の循環がますます内側に閉じて悪循環から抜け出せなくなっています。症状を抱えた自己、症状から抜け出せない自己が認識され続ける、もしくは証明され続けている状態といってもいいでしょう。症状を意識すればするほど循環は重なりを持ち明確化しますから、長引けば長引くほど症状を抱えた自己はくっきりと認識され、症状が悪化してしまうのです（図５-６：次頁）。

このようなとらわれとはからいの悪循環を断ち切るために、森田は「恐怖突入」としての行動を重視します。恐怖突入とは、たとえば赤面恐怖で電車に乗れない患者に、電車に乗って自分の赤面を衆人の前にさらす行動をさせたりすることです。行動（この例では電車に乗ること）ができないのは、その行動そのものに不安や恐怖を感じるからではなく、その行動に対する予期不安、予期恐怖のためで、その行動の中に飛び込んでしまえば、つまり恐怖に突入してしまえば、不安や恐怖はそれほど感じないという考えに基づいています。

　患者は、心の中で行動に対する不安や恐怖をイメージすることで、実際には行動していないにもかかわらず不安や恐怖を心の中で何度も経験し、電車で赤面して面目を失っている自分を認識し続けます。多元的循環自己では、心の中の行動や行動のイメージであっても、それらは自己の輪郭を明確にする循環を形作ると考えるので、自分の心の中だけの閉じた循環によって電車に乗れない自分をより強く認識するようになっているといえます。

　それが恐怖突入の行動をし、実際にはそれほど不安も恐怖もない経験をすることによって、それまでの閉じた循環が開かれて悪循環がほころびます。症状はそれまで悪循環を重ねることで維持されてきたので、悪循環が重ならなければ不安も恐怖も薄れていきます。

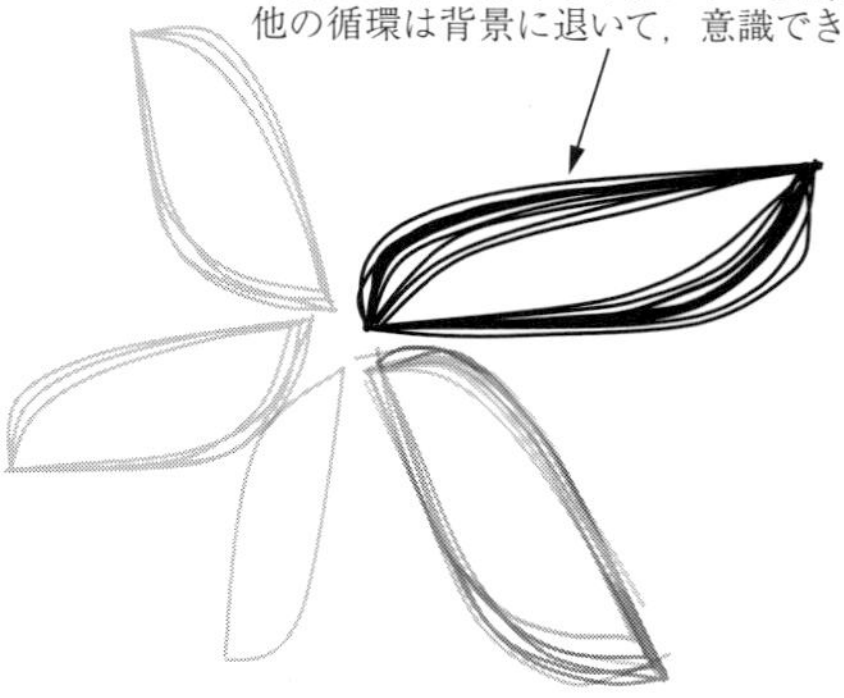
不安や恐怖で動けなくなっている自分の循環。
他の循環は背景に退いて，意識できない。

図 5-6　特定の循環によって立ち現れる自己にとらわれた状態

それまで予期的とはいえ耐えきれないほどの不安や恐怖を感じてきた行動をとることは、どんなに効果があるとわかっていても簡単なことではありません。だからこそ、それができるように、森田療法のシステマチックなプロセスが開発され、行動を励ますという治療者の役割があるのです。

森田療法では、不安にせよ恐怖にせよ、感情はすべてコントロールできるわけではなく、むしろそのような完璧主義は有害だとし、それに対してあるがまま感情を認めることで、結果的に症状や症状にともなう問題をコントロールし、回避できると考えます。この考え方は、多元的循環自己に基づくセルフコントロールのあり方と共通性があります。すなわち、自分の心の動きの仕組みを知ることで、心のあり方や感情をすべて自分の思う通りにコントロールすることはできなくとも、適切な心と行動のコントロールにより、よりよく生きていくことができると考えるのです。

これについては、第６章「多元的循環自己に基づく効果的なセルフコントロール」で詳しく示します。

第III部

新しい自己モデルを生かす

第6章　多元的循環自己に基づく効果的なセルフコントロール

1　多元的循環自己に基づいたセルフコントロールとは？

多元的循環自己の再確認

ここまで「循環によって立ち現れる多元的自己のプロセスモデル」について説明してきました。このモデルを明らかにしようとしたのは、自己理解を深めることによってセルフコントロールを可能にするためです。自己のとらえ方が変われば、自己のあるべき姿、自己に向かう姿勢、自分の行動や感情のコントロール、すなわちセルフコントロールのあり方が変わると考えたからでした。それでは、多元的循環自己に基づくセルフコントロールのあり方や自己のあるべき姿とはどのようなものでしょうか。すでにモデルの説明や、アイデンティティなどさまざまな心理的概念への適用を通じてその要点は示していますが、もう一度、多元的循環自己に基づいたセルフコントロールについて明示します。

その前に多元的循環自己の特徴を確認しておきましょう。

多元的循環自己において、自己とは認識された自己であり、他者とのコミュニケーションも含めたさまざまな行動とその結果のフィードバックの記憶が循環の軌跡の重なりを形作ることによって、その輪郭が自己として認識されると考えます。また、そのように認識される自己はシステムの特徴を持ち、今ある状態を保つように収束する方向で働いています〔循環によって立ち現れる自己（循環自己）、システムとしての自己〕。

循環の軌跡の重なりを輪郭としてとらえて認識される自己は、単一のものではなく、さまざまな分野、さまざまな他者との関係において複数認識することができます。私たちは時と場合に応じてさまざまに異なる自己を認識し、それに基づいて行動します〔作動自己、多元的自己〕。

そして、私たちは今も外界に働きかけて行動し、他者・外界と常にコミュニケーションしています。それによって自己として認識される循環の軌跡は付け加わったり、ブレたり、ときには大きく軌跡を変えたりします。それら循環の軌跡の重なりを輪郭としてとらえて認識される自己は、そのために外に開かれ、常に変わり続けてその状態を保っています〔プロセスとしての自己、外に開かれたシステムとしての自己〕。

私たちは、自分の認識した自己に影響を受けて、思考したり、認知したり、行動したりします。そして、認識した自己は、そのまま自分や世界を見る色めがねになります。より適応的に、より健康的に、より生産的に生きるためには、自己がどのような性質を持っているのか、自分が自己をどのように認識しているのかを知り、適切な姿勢で自己に向き合い、主体として行動することが必要になります。

以下、多元的循環自己に基づいて、私たちがどのように自己と向き合ったらいいか、どのような自己を目指したらいいか、また必要なときどのように自己を変えたらよいか、どのように行動したらいいか、多元的循環自己モデルに基づいたセルフコントロールの要諦を示していきます。

2　悪循環の解消を目指したセルフコントロール

自己は循環によって保たれている

多元的循環自己の一番の特徴は、自己が循環によって構成されていることです。外界・他者との相互作用的循環の記憶から輪郭が浮かび上がり、それが自己として認識されると考えます。現在の自分の心理的状態や自分のおかれている状況は、それまでの一連の出来事の中で形作られ、繰り返され、維持されているのです。動的でありながら同じ状態を保つという自己のあり方が本書の一番の主張で、多元的循環自己に基づくセルフコントロールを考える要諦になります。絶好調で物事がうまく運んでいる自分も、何をやってもうまくいかないように思える自分も、変わらない固定的なものではなく、絶え間ない循環によって保たれているのです。いいかえるなら、うまくいっている自分は好循環によって、うまくいっていない自分は悪循環によってそれぞれ保たれています。そう考えると、セルフコントロールとは、好循環はそのままできるだけ長く同じ状態が保たれるように、悪循環はどこかで好循環に変わるように何らかの手立て（何もしないという手立ても含めて）を行う、ということになります。

それでは、好循環を保つ方法、悪循環を変える方法について、それぞれ本書で示してきたさまざまな先行研究の知見を再度示しながら明らかにしていきます。

好循環を保つ

まずは好循環のときです。私たちは、物事や人間関係がうまくいっているとき、そのことが当たり前になってその状態を維持する努力が必要なことや、そのありがたみを意識することはあまりありません。意識しないままのよい状態は悪いことではありません。言葉をかえるなら、多元的循環自己から導かれるセルフコントロールの最終目的は、心理学的な知識やスキルが必要なくなることといってもいいでしょう。私たちはときに、必要がないのに考えすぎてしまい悪循環に陥ります。それは心理学の濫用もしくは誤使用だろうと思います。好循環が保たれ、特に意識せずとも問題がないときには、心理学的な手立てをとる必要はありません。たとえるなら、特に治療を受けずとも血圧が正常に保たれているときには高血圧の薬、低血圧の薬は必要ないのです。それと同じように、セルフコントロールも、必要な人が、必要なときに使う方法です。

達成動機づけの研究に、課題志向性という概念（Nicholls 1989 など）があります。これは、ある課題に熱中して取り組むことで、自我（もしくは自分に向かう注意）が消失したようなやる気のあり方で、理想的なやる気の状態のひとつといわれています。好循環のときには課題志向性の動機づけの状態のように、不必要に自分に注意を向けることなく、そのときすべきことに集中すればよいといえます。前述の森田療法において、不安や恐怖なども含めた感情をあるがまま認めて行動に専念すべしという考え方（森田 2004）も、よい循環を維持する心のありようと考えることができます。

ただし、これは好循環のときに何もすべきことがないことを意味するのではありません。好循環とは、循環によって現在の状態が維持されていることで、物事や人間関係がうまくいっている状態が絶えず保たれている状態です。そのため、どんなに安定した心理状態や人間関係であっても、何かの拍子に好循環が崩れて、悪循環に陥る可能性が常に残されているのです。実際、物事が全体的にうまくいっているときも、まったく問題が起こらなかったり、まったく不安を感じなかったりすることはあまりないでしょう。

生きている限り、私たちはさまざまな問題に突き当たります。受験に失敗したり、仕事でミスをしたり、長年付き合った恋人と別れたり、配偶者と死別したり、さまざまな問題を経験します。大きな問題でなくとも、ささいな日常的な問題、たとえば夫婦げんかなどの小さな人間関係の悩み、身体的疲れによるマイナス思考、理由なき落ち込みなど、悪循環への落ち込みのきっかけは常に起こっています。ときにはそれらの問題が複数重なることもあるかもしれません。

したがって、問題が起こったとき、それまでの好循環がうまく保てなくなりそうになったとき、悪循環に陥らないように、心の状態を好循環に保つようにコントロールする必要があるのです。たとえるなら、好循環は、平均台の上でバランスをとって立っているようなものです。バランスが十分とれているときは何もするべきことはありませんが、ちょっとバランスを崩して落ちそうになったときは、平均台から落ちないようにすることが大事です。

悪循環に陥ってしまう原因は問題そのものではありません。ちょっとした夫婦げんかのようなささいな問題であっても、悪循環的に思考し行動すれば、好循環の平均台からあっという間にらせん状に落ちてしまいます。そうならないために、問題が起こったときにこそ、自分の思考や行動が悪循環的な方向に向かっていないか、モニターして行動する必要があるのです。

悪循環に陥らず好循環を保つためには、マインドフルネス認知療法や森田療法の考え方・技法が指針になります。マインドフルネス認知療法は、悪循環によって陥った抑うつの再発防止を目的に考えられたテクニックです。抑うつに陥る人にはネガティブな感情喚起という脆弱性があり、問題が起こったときに抑うつに移行してしまう傾向が高いと考えられています（杉浦 2008）。マインドフルネス認知療法では、ネガティブな感情喚起自体は変えられなくとも、そこから心理的な距離をおいたり、「抑うつに対する抑うつ」と呼ばれる悪循環に移行しないように注意をコントロールしたりします（Kabatt-Zinn 1990）。人によって抑うつの悪循環に陥る危険性は異なりますが、マインドフルネス認知療法による悪循環に陥らないための心理的技法は、さまざまな問題によって好循環がちょっとバランスを崩しかけたときに使うことのできるものでしょう。たとえば、瞑想などです。

森田療法は、不安や恐怖など問題に伴う感情に対する不要な注目や対処が悪循環的にその感情を増悪させ、本来望んだ方向から遠ざかってしまうととらえ、それらの感情をあるがまま抱えたまま、するべき行動をとることを勧めています。しばしば感情は私たちの判断を曇らせますが、それに引きずられすぎず、好循環を保ち、悪循環の方向に向かわないような行動を選ぶことが大事なのです。

多元的循環自己のモデルにおいては、行動とその結果のフィードバックとしての循環は時々刻々と付け加わって自己を構成していると考えますから、一度うまくいかなくてもそれを引きずることなく、好循環につながるような行動をそのときそのときで選択できることを示しています。

悪循環に気づく

次に問題を抱えてしまっているとき、つまり悪循環に陥ってしまっているときを考えます。問題を抱えてしまっているときには、何か行動をとるよりも先に、現在陥っている問題状況が悪循環によって維持されている状態だと気づくこと、もしくはそのようにとらえてみることが大切です。たとえば、大学に入学したものの、大学での勉学にやりがいを見出せず、充実感が得られないとき、「そのような悪循環になっている」と考えるのです。彼女のことが好きなのに、一緒にいるといつもけんかばかりしてしまうようなとき、「二人の関係がそのような悪循環になっている」ととらえてみるのです。そして、その悪循環が好循環に変わるための第一歩として、どんな行動がとれるのかを考えることが大事です。

問題が起こったとき、私たちはそれがいつまでも続くものと考える傾向があります。改訂学習性無力感理論（Abramson, Seligman, & Teasdale 1978）においては、無力感を引き起こす帰属様式として、自分だけ（内的）、すべての課題において（全般的）、これからもずっと（安定的）という三つの特徴があるといいます。

自己は、システムの特徴を持ち、容易には変わらないものです。また、自己は自分だけでコントロールできるものではなく、外部や他者とつながっているために、自分の思う通りに変えられるものでもありません。そのため、問題を抱えたときには、自分は変えられないという気持ちが起こってしまいがちです。しかしながら、変わらないように思える自己も完全に固定したものではなく、絶えざる変化の中で今の悪循環の状態を保っており、それゆえ変わりうるものであると考えられれば、何もかもコントロールできるといった全能感ではないものの、いつかは変わりうるというコントロール感を得ることができ、無力感に陥らずにすむだろうと思います。

本書で自己モデルを提唱したのは、自己は循環によって立ち現れてくるもので、変わりにくいものであるものの、確実に変わりうるものであることを示したいがためです。これに納得することが、悪循環に陥っているときにまずはやるべきこと、考えるべきこととといえるでしょう。

他の選択肢の行動をする

次に考えるべきことは、悪循環を変えるにはどうしたらいいか、です。問題が長引いてしまっている場合、これまでのさまざまな手立てがうまくいかず、悪循環に陥っている状態と考えられます。何をしても問題は解決しないとあきらめている場合もあるかもしれません。

家族療法は、偽解決の悪循環という考え方で、解決しようとする努力がむしろ問題を強化してしまうと考えます。偽解決の悪循環に陥り、家族療法に助けを求めるような状況の場合には、何をしても無駄、何をしたらいいのかわからない状態になっていると思われます。

このような場合、家族療法においては、それまでの解決法とは異なる、ときには常識外れともいえる行動をする働きかけ、パラドキシカルアプローチをとります。それまで行ってきた常識的な解決法によって問題が解決しない場合に、その解決方法は正しいように見えても問題解決には役に立たないもので、それとは別の行動のレパートリーが求められると考えるのです。逆にいえば、常識的な解決法によって解決できる問題もあり、その場合には家族療法の適用範囲外（というよりは家族療法を必要としない）となります。

家族療法のあり方が意味するのは、悪循環から抜け出して問題を解決するためには、何もやることがないように思えても、まだ行動のレパートリーが残っているということです。悪循環を変えるためには、手を変え品を変え、あらゆる角度からいろいろ試して行動する柔軟さが求められるのです。

また、家族療法では、うまくいかなかった働きかけでも「リフレイミング」によって意味づけを変えることで、一連の治療の流れの中に好循環的に取り込んで、全体として自己をよい方向に変えていこうとします。リフレイミングとは、出来事に対する見方を変えることで、意味づけを変えようとする家族療法のテクニックのひとつです。セラピストが与えた課題を三日しか行わなかったとき、「普通は一日ももたない、三日も続いたとはすごい。これはとてもいいことだから、次の課題として……」とリフレイミングして意味づけを変え、働きかけの効果を無にすることなく、何をしてもうまくいかない悪循環に陥らないようにするのです（長谷川 2005）。

家族療法は、ある意味究極のポジティブ思考といえるでしょう。それも根拠のないポジティブ思考ではありません。問題は悪循環によって維持され、悪循環をましにする方法はいくらでもあり、悪循環がちょっとでもましになったらそれは効果的な方法であるという冗談のような（でも、意味のある）循環論法に基づくポジティブ思考なのです。

学習性無力感（learned helplessness）の研究で著名なセリグマン（Seligman 1990）は、後に学習性楽観主義（learned optimism）を提唱し、楽観主義が抑うつを予防し、さまざまな分野での成功の鍵となることを示しました。彼の楽観主義もさまざまな研究結果を根拠としたポジティブ思考といえるでしょう。

問題が維持されている多くの場合、さまざまな解決法がうまくいかなかったという過程を通して、セリグマンらが行った実験の犬のように何をしても無駄だという学習性無力感に陥っていると考えられます。学習性無力感の実験では、逃避不可能な課題を行って学習性無力感に陥った犬は、その後に逃避可能な課題を与えたときにも逃げませんでした（Seligman & Maier 1967）。あきらめなければ問題の解決の可能性は残りますが、あきらめてしまっては解決できる問題も解決できなくなってしまいます。無力感から抜け出すためにも、それでもまだあきらめないという気持ちで行動することが求められるのです。

変わるのを待つ

悪循環から脱するために大切なことをもう少し、説明していきましょう。

多元的循環自己では、行動とその結果のフィードバックの記憶である、循環の軌跡の重なりが輪郭となって自己として認識されると考えています。そうすると循環の軌跡が重なって輪郭が浮かび上がるまでには、当然それなりの時間の流れが内在しています。今の状態の自己は、ある程度の時間的プロセスを経て現在ある状態に保たれているものです。そう考えると自分を変えようと思ったとき、行動や心の持ちようを一度変えたくらいでは自分は変わらないことがわかります。一回循環の軌跡が変わったくらいではシステムとしての自己はそれまでと同じ状態を保とうと働くのです。

自己が変わるためには、たとえば人生の転機のような、循環の軌跡が変わるような行動や思考や出来事があり、変わった循環の軌跡の重なりが新たな輪郭として認識されるまで、行動や思考の変化を続けるためのある程度の時間が必要なのです。もしも小さな変化から自分を変えていこうと思ったなら、そんな小さな変化を続けていくことが求められるでしょう。

いずれにせよ、変えたい自分がいても、変わるためには時間的プロセスが必要で、今すぐ変えられる、変われるわけではありません。多元的循環自己からいえることは、変わることをあせらないということです。

流れに乗って循環の方向を変える

また、多元的循環自己に基づくセルフコントロールは、何もかも自分の思うようにコントロールできるとは考えません。常に現在の状態を保とうとする自己のシステム的特徴や、自己が行動の結果や他者との関係性に開かれてそれらのあり方に拘束されているがゆえに、思うように自分や自分の行動、感情などをコントロールできないことのほうが多いと考えます。

たとえば親や恋人との関係が悪循環的にうまくいかない状態に陥っているとき、相手の心を自分の思うままに変えることはできないでしょう。悪循環を変える糸口は結局のところ自分の心や考え方、行動を変えることしかないのです。

マインドフルネス認知療法を提唱するカバットジン（Kabat-Zinn 1990）は、ストレスのコントロール法について、船乗りが風のエネルギーをうまく利用して忍耐強く帆をあやつることで、風向きにかかわらず自分の進みたい方向に進むことができることにたとえています。多元的循環自己に基づくセルフコントロールとは、このたとえのように、状況をとらえて自分の進みたい方向に向かうことといえます。状況を無視した無理なコントロールはよい方向に向かわないばかりか、破局への道につながってしまうかもしれません。行動とその結果のフィードバック、すなわち循環の軌跡を常にモニターしながら、自分の進みたい方向へと自分の行動をコントロールしていくことが大切なのです。循環によって立ち現れる自己を変えるにあたって、一刀両断はありえないということです。

悪循環を外に開く

多元的循環自己では，私たちが何か変えることのできない問題を抱えている場合，その問題が自分の中だけで，もしくはある特定の人との関係の中だけで維持されてしまっていると考えます。本来，循環によって立ち現れる自己は外に開かれた関係性の存在で，その関係性の中で常に変化しうる（変化し続けている）のですが，問題を抱えた状態では，しばしばその関係性が閉じたり，特定の関係に固着してしまったりして問題が維持されています。

家族療法の偽解決や，ひきこもりの状態，森田療法のとらわれ，認知療法の自分の抑うつについての抑うつなど，すべて閉じた悪循環によって問題が保たれた状態です。循環が閉じていると，自己はそのシステム的性質に従って同じ状態に保とうとするため，悪循環を変える糸口が存在しません。

悪循環を変えるためには，何らかの形で悪循環を外に開く必要があるのです。家族療法においては，閉じた家族の関係の中に新たな参加者として治療者が入ることで，悪循環が外に開かれることになります。また森田療法では，治療を受けに来ること自体が，自分の中だけで症状にとらわれていた悪循環を外に開くことを意味します。専門的な心理療法でなくとも，一人で悩んでいるときに誰かに相談すれば，たとえ解決法が得られなかったとしても，すでに悪循環は外に開かれたことになります。

このように，問題を抱えたときや，うまくいかないと感じたときは，悪循環が保たれている状態ととらえ，その悪循環を外に開き，循環を変える糸口を探ることを考えるとよいでしょう。

ブレークスルーとしての行動

それでは次に、悪循環を外に開くきっかけについて考えてみましょう。

悪循環を外に開くにあたって有効なのは、外に働きかける実際の行動です。多元的循環自己では、記憶の想起も循環を描く行動のひとつと考えていますが、それでは循環は外に開かれません。森田療法の提唱者である森田正馬は「思考は事実ではない」と述べています。いくら計画しようが、どれだけ正確に予想・予測しようが、行動の予想だけでは循環は変わらないのです。

実際の行動の結果はときに残酷です。勇気を出して行動した結果が失敗に終わることもあるでしょう。しかしながら、実際の行動による結果がどのようなものでも、それは目に見える事実として、循環を外に開き、その後の循環を変える力を持っているのです。「案ずるよりも生むが易し」は、多元的循環自己からもいえると思います。つまり、悪循環に陥っている状態のときは、よい結果につながると思われるようなことを、とりあえずやってみることで、うまくいくかどうかは別として、状況に変化をもたらし、それが解決の糸口になる可能性があるということです。

3　多元的循環自己の観点から見たセルフコントロール

唯一の自己ではないことを意識する

ここから、多元的循環自己の観点でセルフコントロールについて考えていきます。

多元的循環自己においては、自己は多元的で、さまざまな分野、さまざまな人間関係から立ち現れてくる存在だと考えます。当然、自己を単一的と考えるか、多元的と考えるかによって、セルフコントロールのあり方は大きく変わります。

どんなに優勢で、自分を支えたり、自分の生活に悪影響を与えたり、常に注意が向く循環自己であったとしても、その循環自己は、多くの人間関係、多くの分野との循環関係において立ち現れてきたひとつに過ぎないことを意識すべきです。これは筆者が本モデルを提唱した理由でもあります。

特に、その自己が何らかの問題を抱えたり、循環を形作る重要な他者との関係が悪循環になったりしているときには、しばしばその自己から目を離せず、注意を逸らすことができなくなります。そんなとき、私たちは、その悩みやその関係がすべてという思い込みにとらわれがちです。そうなってしまうと、その他の関係から立ち現れる自己を無視した極端な選択をしてしまう可能性が高まります。たとえば、社会的地位が高く責任ある立場にある人がストーカーをしてしまう事件などは、彼、彼女との関係から立ち現れる自己にとらわれて、それ以外の自己が見えなくなっている状態なのでしょう。そんなことをするような人には思えなかったという、しばしば聞かれるコメントは、コメントをした人と事件を起こした人が結んでいた関係から立ち現れている自己と、その人が事件を起こした特定の関係や分野において立ち現れている自己とが異なるためでしょう。

さまざまな依存症についても同じことがいえます。前節では、悪循環に陥っている自己をどのようにコントロールするかという観点で述べましたが、ストーカーや依存のようなとらわれの状態の場合には、むしろその自己から注意を逸らすほうが効果的です。森田療法における「はからい」のように、何とかしようと思うことがむしろ問題を増強してしまったり（森田 2004）、ウェグナーが示した、「シロクマのことは決して考えないで」という指示に対して、シロクマのことを考えざるを得なくなってしまう「皮肉なリバウンド効果」（Wegner 1994）のように、何とかしようとすることがむしろ注意を固着させてしまう危険性があるからです。

　悪循環にとらわれた場合、簡単にその自己から注意を逸らすことはできないでしょうが、まずは現在とらわれている自己が唯一の自己ではないことを知っているだけでも、とらわれからの脱出の一歩になるでしょう。

　どんなに大変な問題や悩みを抱えていたとしても、よく考えてみればそれはある分野、ある特定の人間関係の循環から立ち現れた自己のひとつです。自分にとって非常に重要な人間関係や重要な分野における問題や悩みであった場合には、それが当人の人生や生活を大きく左右し、それ以外の自己はささいな力しか持たないかもしれません。

　しかし、それらがどれだけ大きな割合で自己全体に影響を及ぼしていようとも、あくまでその自己は循環によって立ち現れる多元的自己のワンオブゼムであり、目立たずとも問題を抱えていない別の自己があるのです。卑近な言い方をすれば、「あなたのよさをわかってくれている」人、つまり問題を抱えた自己とは別の自己を立ち結んでいる存在がいるはずなのです。その関係から立ち現れる自己に視点的にも、労力的にも「重点を移す」ことが問題の軽減につながるといえます。

問題を抱えた自己を捨てる

　また、できるならば、問題を抱えた自己を切り捨てることも選択肢のひとつになるでしょう。離婚にせよ、親との関係にせよ、関係を断絶することは、多元的循環自己の観点からは効果的な方法といえます。たとえるなら、会社が赤字になった部門をばっさりとリストラして廃止するようなものです。

問題を抱えた自己が当人のアイデンティティを大きく支えるものであった場合（たとえば学校や仕事、夫婦関係やスポーツ選手におけるスポーツなど）、その自己を切り捨てることはアイデンティティ消失の危険性を持つ重大事案ですので切り捨てることは容易ではありません。しかし、うつ病や自殺企図など生命の危険がある場合、そのひとつの自己が原因となって、その自己を守るためにまさに生命を失うという本末転倒の結果につながることもあります。いじめなど学校での悩みが子どもの自殺につながるのもそのためでしょう。子どもにとっては学校での自分がその自己への固着もあって自分のすべてになっているため、学校の児童・生徒としての自分を捨てられればいいのに（もちろんそれはとても難しいことですが）捨てられないのです。

多元的循環自己によるセルフコントロールを考えるとき、多角化経営を行っている企業にたとえると、セルフコントロールの方法が見えてきます。ある企業で、本業や大きな利益を出していた部署のビジネスが大きな赤字を抱えてしまった場合、どのように会社を立て直し、継続して経営していくのか、いくつかの選択肢を考えることができます。まずは本業のビジネスを立て直すやり方、他の有望なビジネスに注力すること、思い切って本業を捨てること、バランスよくいくつかのビジネスにエネルギーを注ぐことなどです。何が正解かはその結果でしか判断できませんが、進むべき方向性が複数あることはわかります。多元的循環自己に基づくセルフコントロールとは、ひとつのビジネスがうまくいかなかったことだけで会社が倒産をしてしまわないように多角的にビジネスを展開するごとく、多元的循環自己を駆使して危機を切り抜けたり、うまく生きていったりすることなのです。

平野（2012）が分人という概念を提出したのも、一元的な自己観に比べて、生きるためのリスクヘッジが可能になるからです。彼は、「貴重な資産を分散投資して、リスクヘッジをするように、私たちは、自分という人間を、複数の分人の同時進行のプロジェクトのように考えるべきだ」（p. 94）と述べており、まったく同感です。多元的循環自己は、私たちがよりうまく生きていくための、特に問題を抱えたときにすべてをダメにしてしまわないための、有効な人間観、自己観なのです。

別の自己を形作る重要な循環から力をもらう

さて、悪循環による問題を抱えた自己があり、その問題を解決しようと考えた場合、その自己の悪循環を軌道修正すべく注力するやり方（前節で詳しく述べました）と、別の循環から立ち現れる自己の影響力を強化することで、相対的に問題を小さくする方法が考えられます。ここでは、後者の方法について考えます。

たとえば、悪循環的に問題を抱えた自己がある場合、当事者でない他者に相談することは別の視点から悪循環的な自己を見直す、いいきっかけになると思われます。カウンセリングやさまざまな相談窓口のような専門的なものでも、友人に相談するなどの私的なものでもかまいません。

その際に大事なのは、当事者でないアドバイスについて、悪循環に凝り固まっている自己の視点と異なった見方として受け入れることです。当事者でない者からのアドバイスは、どうしても「私の苦しみなどわからないくせに」と受け取ってしまいがちですが、ここでは別の自己が立ち現れることを意図していますので、そのように考えないようにすることが大事なのです。その苦しみは（たとえその自己がどんなに自分の中で多くを占めていたとしても）悪循環に陥っている特定の自己に限定された苦しみで、自分の中には、別の見方、別の選択肢、別の自己がスポットライトを浴びない形であるはずです。それを他者との関係の循環を借りて取り戻すのです。

　また、うまくいっていない分野とは別の分野で、まず力をもらうことも可能でしょう。たとえばスポーツがスランプの間に勉強に集中する、恋人との関係がうまくいっていないときに仕事に専念する、などです。多くの場合、この逆に、ある分野でうまくいってない自己に注目してしまい、それが伝搬して別の分野でもやる気をなくしてしまいます。そのような単一的な視点ではリスクに対して脆弱すぎるでしょう。自己が多元的であることを忘れず、自己間のある程度の独立性を保つことが求められます。

　こう考えると、いかにして普段から十分に力を持った複数の循環から立ち現れる自己を作っておくかが、セルフコントロールのためのリスク管理になるといえます。特定の分野での成功に自分のすべてを託したり、特定の人とだけ人間関係が深くなり、それ以外の人間関係が限られたりしてしまうと、その分野や人間関係に問題が起こったときに、その影響が大きくなりすぎるのです。会社の収入をひとつのビジネスに頼りすぎると、そのビジネスがうまくいかなかったときに会社が一気に傾いてしまうことと同じです。「自己のあるべき姿」（第７章２節）において述べますが、自己をバランスよく多元的にすることが求められるのです。

新しい循環から立ち現れる自己を試す

　セルフコントロールのあり方を考えるとき、企業が新規事業を始めるように、新しい循環から立ち現れる自己を模索することも選択肢のひとつになります。たとえば、カウンセリングやセルフヘルプグループに参加することは、治療的な意味に加えて、新しい人間関係を作り、新しい循環から新たな自己を立ち現わさせるという意味も持つのです。その際に大事なのは、新たな人間関係によって立ち現れる自己は、それまでの循環から立ち現れた自己とは、異なるものであるべきということです。なぜなら、自己はシステム的な特徴を持ち、現在の状態を保つように働くからです。悪循環的に問題を抱えた自己を何とかしようとしてカウンセリングを受けたときに、問題を抱えた自己でカウンセラーと人間関係を作ろうとしても、その関係がシステムとして悪循環に収束してしまう危険性があります。交流分析が明らかにするように、人間関係がうまくいかない人の中には、新しい人間関係を築く際に、それまでと同じ人間関係の悪循環パターンに陥ってしまう人がいるものです（杉田 1976 など）。したがって、新しい循環を作るつもりでカウンセリングを受け、その関係の好循環から立ち現れる自己を基盤にして、悪循環的な問題を抱えた自己に対処すべきなのです。

多元的循環自己の独立性とシナジー効果

多元的循環自己の特徴を踏まえたセルフコントロールでは、好循環をいかに他の自己に波及させて、経営におけるシナジー効果のような状態を作り出すかが重要です。循環によって立ち現れる自己群はうまく使えば多元的循環自己をそれぞれうまく機能させるシナジー効果が期待できます。複数のビジネスを相乗的に発展させるように、よい人間関係やよい成果を上げている分野の循環で立ち現れた自己が、他の分野の自己にもよい形で波及するように、考え方や行動の仕方、人間関係のあり方を波及させていくことが効果的でしょう。

逆に悪循環については、循環自己間の独立性を高めて、その悪影響の波及効果をいかに最低限にとどめるかが問題になります。循環自己間の独立性を高めることは、自己複雑性（Linville 1987）を高めることになり、ストレスなどの問題に対処するバッファー（緩衝作用）として働くと思われます。悪循環を他の自己に波及させないということは、多元的循環自己を提唱する意味に関わる重要なセルフコントロール方法です。

多元的循環自己の観点から見たセルフコントロールのまとめ

多元的循環自己の観点からセルフコントロールの方法を見てきましたが、全体として抽象論になっていることは正直否めません。しかしながら、ここで示したかったのは具体的な方法というよりは、ものの見方の提案です。具体的には、①問題は常に悪循環によって形成されている、②だから一刀両断に問題を解決したり自己を変えたりすることはできず、問題を解決したり自己を変えたりするためには新たな循環を重ねる一定の時間を要する、③たとえ問題を抱えた自己であっても、それは多元的自己のひとつであるということです。

ここで示したような多元的循環自己に基づくものの見方を持つことは、自己のあり方に対して理にかなったセルフコントロールのためには非常に重要であると考えています。

第7章　これからの自己形成やアイデンティティのあるべき姿

1　多元的循環自己から心理的成長を考える

最終章では、多元的循環自己の視点から、筆者のもともとの関心ごとであった心理的成長と自己形成、付随して教育とアイデンティティ形成に深い関わりを持つ職業選択のあり方について考えます。自己モデルが変われば自己の心理的成長のあり方、とらえ方も変わってきます。特に多元的循環自己は、多元的な性質を持つ変化し続けているプロセスモデルであり、その観点から見ると心理的成長や自己形成のあり方、そして教育のあり方についてもこれまでの自己モデルとはその様相が変わってきます。

まずは多元的循環自己の観点から心理的成長について考えます。

心理的成長は回顧的特徴を持つ

多元的循環自己からいえば、人が変わるとは循環運動の軌跡がそれまでとは大きく変わることです。したがって、どんなに自分を成長させるような大きな心境の変化があったとしても、それだけではまだ成長ははっきりしたものではありません。いわばそれは成長の種です。種である心境の変化にともなって、これまでとは違う行動や他者との関係性の循環が重なり、そこにかつてとは違った循環の軌跡の重なりが輪郭として認識できるようになったとき、自分が成長したとはっきりわかるのです。「この経験から、積極的に行動しなきゃ」と思うだけでは不十分で、その後に積極的に行動することが繰り返され、それらの行動や経験が自分の成長の根拠になってはじめて、「自分はあの経験で積極的に変わった」とはっきり言い得るのです。

そういう意味で、自己の成長とは、過去を振り返り今と比べることではじめて認識されるものです。考えてみれば身体的な成長も同じです。身長が伸びたという成長は、過去と比べてはじめていえることなのです。

成長するとは、成長を保ち続けること

多元的循環自己では、人は自分の成長を振り返って語ることで自分の成長を認識することができると考えます。ですが、その成長は必ずしも非可逆的ではありません。身長は伸びたら、病気や老齢にならない限り元に戻ることはない非可逆的な成長であるといえます。それに対して、多元的循環自己における成長

は、循環の軌跡の重なりによって保たれているプロセスで、元に戻る可能性がある可逆的な成長です。自己の成長は、その記憶を思い出して語ることで再確認され、循環の軌跡を重ねることで輪郭が浮かび上がり、保たれていきます。つまり成長とは、自分が成長したという記憶の循環を保ち続けることなのです。視点を変えていえば、成長した記憶を現在の時点で振り返って思い出すことができるから、成長を保つことができるのです。

スポーツ選手が講演で、かつての自分の転機を語ることがしばしばあります。バルセロナオリンピック柔道金メダリストの古賀稔彦氏は、ソウルオリンピックの三回戦で敗退した場面のビデオで、両親が周りの観客に謝っているのを見て、戦っているのは自分だけではないことを思い知り、落ち込みから回復したというエピソードを、彼の自伝でも、講演でも語っています（古賀 2001）。語ることで、彼はその転機から得た成長を保つことができているのだと思います。

人は誰かに何かを伝えるとき、自分に言い聞かせていることが多いものです。そう考えると、何かを伝える立場にあると、自分の成長の好循環を保ちやすいのかもしれません。セルフヘルプグループが依存症などに効果を上げているのは、語りの循環の働きが彼ら自身の成長を危ういバランスの中でも何とか保っているからといえるかもしれません。アルコール依存症のセルフヘルプグループであるＡＡ（アルコホーリクス・アノニマス：無名のアルコール依存者の会）では、アルコールを飲まなくなったとしても、アルコール依存症が治ったわけではなく、自分たちはアルコールを飲んでいない（しらふの）アルコール依存症者であると考えます。彼らのアルコール依存からの「回復」は、絶え間ない再転落の危険と戦う循環のプロセスの中で得られ続けているのです。

多元的循環自己からいえば、人が成長するとは、成長した状態を語りや想起、行動や他者との関係を続けることで維持することです。たとえるなら、こぎ続けることでバランスを保つ自転車のようなものでしょう。これは、アイデンティティのような自己の安定性の問題についても同じです。自己の安定とは決して崩れない安定した土台があることではなく、循環の軌跡の重なりによってシステムとしてバランスがよりとれるようになった状態といえます。

西本（2006：ただし内容は personal communication）は、阪神・淡路大震災の意味づけの研究で、震災から学んだことが多かったと答えた者の方が、そうでない者より、より震災に関する不適応感が強かったといいます。いろいろな解釈ができますが、震災に対する不適応感が強いからこそ、バランスをとるために、震災から学んだことが多かったと認識しているともいえます。転機の語りによって震災の意味づけが逆転し、震災のマイナスがまったく消え去ってプラスに転換するのではなく、マイナスの影響を受けつつも何とか生きていくために、マイナスの中にプラスの意味づけを見出していると考えられます。その意味で、自己はやじろべえのようにプラス～マイナスに揺れつつ安定を保っているといえるかもしれません。転機の語りや自己転換の語りは、マイナスになって倒れそうな出来事の意味づけを変えることで、プラス側へ自己の安定を保つ役割を果たしているのでしょう。それはマイナスの気分になっている自分を励ますように語りかけることと同じといえます。

前述したように、エリクソン（Erikson 1963）は、漸成図式において各段階の発達課題を二つの状態の対立として示しています。青年期の発達課題は「アイデンティティ形成 vs アイデンティティ拡散」で、アイデンティティ形成がアイデンティティ拡散を上回って獲得されることが必要だとします。そして、発達課題について、それが単なる課題の肯定的部分の獲得、ここではアイデンティティ形成の獲得であると考えることを強く戒め、次のように述べます。

各段階で、善良であることが達成されると、それは新たな内面的葛藤や変動する外的諸条件に侵されることはないという仮説は、成功主義のイデオロギーを子どもの発達の上に投影したものである、と私は信じている。その立身出世主義は、われわれの私的な空想や社会一般の夢に非常に危険な状態で浸透し、新しい産業時代という歴史の中で意義のある生存をするための熾烈な戦いにおいて、われわれを不適格にすることがある。人格は生存という冒険に絶えず挑戦しているのであって、身体の代謝作用が衰えに対処している時でさえ、それを止めることはない。（p.352）（傍点筆者）

エリクソンのアイデンティティを人間形成論の観点から論究した西平（1993）は、アイデンティティ形成、人間形成は、静態的な一時的安定を要請しながら、あえて崩して自己形成を進めることを求めるジレンマを引き受ける、動的で未完のプロセスであると指摘しています。

人間形成論は、ある意味において、常に「未完」を余儀なくされる。もしくは、新しい現実によって絶えず新しく組み替えられてゆくことを、理論それ自体が内在的に要請してしまう。

その意味において人間形成論は、あくまで〈柔軟で・開いた・未完であり続ける〉性格をもって、構想されなければならないのである。（p.267）

アイデンティティの思想は、ジレンマの思想ということになる。つまり一方で、〈根をもつこと・定着すること・一貫性をもつこと〉の必要性を説く思想でありながら、しかし他方で、〈出発すること・変わっていくこと・自分自身から超え出てゆくこと〉を要請する思想でもあった。（p.268）

アイデンティティ「達成」は必要ない、などとはいわない。しかしそれはあくまで暫定的な「仮囲い」として理解されるべきこと、もしくは動的プロセスを一旦立ち止まらせて、その一場面を構造的に説明するならば、心理社会的アイデンティティの「達成」が、青年期においては決定的に重要な意味を持っているということ、したがって、アイデンティティは今一度、動的プロセスのなかに送り返されて、そのなかで理解されなければならない。（p.268－269）

エリクソンも西平も、アイデンティティ形成がひとつの達成であることを認めながらも、それが安定した静的状態ではなく、動的プロセスの中で保たれた状態であることを強く主張しています。自己は流動的で、私たちは生きている限り世界との相互作用の中で自己形成をし続けていくもので、けっして自己や生涯発達の完成形はないのです。

多元的循環自己において、他者や環境との相互作用の記憶痕跡としての循環の重なりが、ある時点で自己として認識されること、それによって動的でありながらも、安定した自己の状態が表現できること、そして、その循環の軌跡は生きている限り新たに付け加えられているがために、常に変化する余地を持っていること、これらは自己の心理的成長やアイデンティティの形成の動的プロセスを表現するにあたって適切なたとえになっていると思われます。

自己の多元性から見る心理的成長

多元的循環自己においては、新しい環境、新たな出会い、初めての経験などは新たな循環自己を作り出すきっかけとなります。それらの出会いや経験はそれまでの循環自己に収束されることもあれば、まったく新しい自己を作り出す循環となることもあるでしょう。多様な人たちとのよい付き合いや自分の身になるさまざまな経験を重ねることは、濃い軌跡の循環自己の数を増やします。

それらは今後新しい経験をする際の対処パターンとなるとともに、スポーツオンリーアイデンティフィケーションのような単一の循環自己に支えられた危ういアイデンティティではなく、多元的な循環自己に支えられ、より安定したアイデンティティの源泉ともなるでしょう。多元的循環自己における心理的成長は、多くの濃い軌跡を持った循環自己に支えられることで、危機に対しての緩衝作用として働く自己複雑性（Linville 1987）を有しつつも、多元的であるがゆえの統一性と安定性を持ったアイデンティティを維持することなのです。

2　多元的循環自己から考える自己のあるべき姿

完成形のない自己をメンテナンスし続ける

多元的循環自己は、ここまで見てきた通り、これまでの自己モデルとはその特徴が大きく異なります。それでは、私たちはどのようなあり方の自己を持つべきでしょうか。ここでは多元的循環自己の観点から自己のあるべき姿を考えてみましょう。

あるべき姿とはいうものの、多元的循環自己において、自己は固定したものではなく、常に変わり続けながら状態を保つプロセス的な性質を持っていますので、自己のあるべき姿とは、常に変化し続けている自己をよい状態に保つようにメンテナンスをしてコントロールし続けていくことになります。

ここでは多元的循環自己の特徴に合わせ、三つの自己のあるべき姿について示します。

まず一つ目にいえるのは、目指すべきなのは究極の完成形としての自己ではないということです。ここでの完成形とは、何の不安も恐れもなく、自己を脅かす危機にもまったく動じず、心の安静を保ち常に前向きで、積極的に行動できる、非の打ちどころのない自己が確立するという意味です。

はたから見ると優れた人の中には、非の打ちどころがないと思える人もいるかもしれません。しかし、そんな人も実際にはマイナス思考やためらい、心の揺れなどを感じているに違いありません。揺らぎを経験しつつも、すぐに思い直して前向きかつ積極的に行動できるから、はたから見ると完璧なように見えるのです。たとえば、大リーグのイチロー選手がプレイするにあたって、まったくプレッシャーを感じないということはありえないでしょう（他の選手よりも精神的な揺れはずっと少ないでしょうが）。自己のあるべき姿とは、さまざまな問題や困難、状況の変化などがある中で、常に好循環を保ち続けるように絶え間なく適切な行動をし続けていくことといえます。そしてそのような好循環を保つためには、これまでのさまざまな成長の記憶を忘れないことです。すでに示したように、私たちの自己の成長は、成長の記憶の語りによって保たれています。成長の記憶をときどき思い出し語ることで、現在の成長した状態を保ち、その状態を土台にして、さらなる成長の循環を重ねていくことが求められます。逆に悪循環に陥っていたときの記憶も忘れないようにすることが大切です。問題を抱えていたとき、すなわち悪循環に陥っていたときには、悪循環につながる行動を選択し続けていたととらえ、どのような行動が悪循環につながっていたのかを覚えておくことによって、今後同じような悪循環に陥らないで済む可能性が高くなるのです。

フロイト以来、心理的問題に対して無意識的な働きを重視する考え方があります。確かに私たちは、自分の心や行動を完全に意のままにコントロールできるわけではありません。特に問題を抱えたときにはそうでしょう。しかしながら、循環によって立ち現れる自己モデルから考えれば、私たちは心や行動をコントロールして悪循環を避け、好循環を保つことで、フロイトが考えたよりもずっと意識的に心理的な問題を解決することができると思われるのです。

好循環のための開かれた自己

多元的循環自己からいえるあるべき自己のあり方の二つ目は、自己が本来持っている特徴である、他者や環境、社会、世界に常に開かれている状態を保つべきだということです。閉じた悪循環が問題を維持させてしまうことは、本書でここまで一貫して示してきました。

外に開かれているということは、他者との関係、自分の行動の結果、状況や社会の変化によって自己が影響を受け、変わらざるを得ない、ときには自分がコントロールできない形で変わらざるを得ないことを意味します。しかしながらそもそも外からまったく影響を受けず、すべて思い通りに自分をコントロールしようとすることなど不可能であり、そのようなすべてをコントロールしようという悪しき完璧主義が問題を起こすことは森田療法の「はからい」やマインドフルネス認知療法の治療原理が示す通りです。

外に開かれた循環によって立ち現れる自己は、自分ではコントロールできない変化も受け取りつつ、それでも主体性を失うことなく、自分の心と行動を一回一回の相互作用の循環において臨機応変にコントロールし、結果としてプロセスとしての自己の好循環を保ち続けることが目指されます。そのような変化に開かれつつ、自己をよい状態に保とうとするあり方が、年齢とともに訪れる変化に適応するための発達課題を乗り越える原動力にもなるでしょう。

好循環のための変わり続ける多元的自己とアイデンティティ

自己のあるべき姿としての三つ目は、ある程度のアイデンティティを保ちつつも、適切に多元的自己を変化させていくことによって、調和のとれた多元的自己を維持すべきだということです。

多元的自己のあり方について、ここまで企業の多角的経営のたとえで示してきました。企業は経営哲学に基づいてそのアイデンティティを保ちながらも、資本を多角的な分野に配分しながら、ときにその配分を変えたり、新しい分野に進出したり、業績の上がらない分野から撤退したりして、経営を維持します。私たちも基盤となるいくつかの濃い循環の軌跡の自己をアイデンティティの基盤としながら、時と場合、年齢に応じてさまざまな分野へエネルギーや時間、行動をバランスよく配分することによって、それぞれの分野での好循環を重ね、バランスのとれた多元的自己を保つことが大切です。アイデンティティの形成は青年期の発達課題ですが、それは職業を決めることや、一元的で統一的な自己を形成することではないのです。

そうすると、どのように多元的自己を配置するべきか、疑問が出てくることでしょう。ですが、多角化して成功している企業もあれば、本業に集中して成功している企業もあるように、どのくらい多元化すべきか、エネルギーをどのように配分すべきか、定まった答えがあるわけではありません。企業が経済情勢や自社の強みを考慮に入れて常に変化し続けていくように、多元的自己もその時々の最適解を求めて変化し続けることで複数の好循環を保ち続け、その結果、多元的自己でありながら統一感のあるアイデンティティの感覚を保つことができるのです。そしてそれこそ、多元的循環自己によって示されるあるべき自己の姿、さらには生涯発達のあるべき姿なのです。

3　多元的循環自己から見た学校と教育のあり方への示唆

学校における自己の一元化の問題点

多元的循環自己から自己のあるべき姿について考えたとき、今の学校と教育における子どもたちの自己形成のあり方には、多少の危うさを感じずにはいられません。学校や教育の持つ、または私たちが常識として持つ一元的な自己観と閉じられた人間関係の中で、子どもたちの学校での自己形成が一元的で固定的なものになりがちであると思われるのです。

ひとつのまとまりとしての自己や人格が、学校の人間関係の中でうまく循環を重ねていけば、とりあえず問題はありません。しかし、たったひとつの自分が、学校での勉強やさまざまな活動においてうまく循環を重ねられず、またうまく人間関係を結べなかったりした場合、すべてが失われる危険性があります。子どもたちの中には、一元的な自己観・人格観を反映してか、学校での自分がすべてという思い込みがあるようにも思われます。子どもたちが学校で育てている自己には、スポーツにすべてのアイデンティティを担わせていたスポーツオンリーアイデンティフィケーション（中込 1993）同様、学校の児童・生徒としてすべてのアイデンティティを託す「スチューデントオンリーアイデンティフィケーション」ともいえる一元化があるように思われるのです。

同様に、教員の中にも、児童・生徒の人格は統一され、完成されている方がよいという、多元的循環自己の観点からいえば「間違った」思い込みがあるように思います。教育基本法で示された教育の目標である「人格の完成」という言葉には、統一された、何にも揺るがぬ完成された人格のイメージがあります。

それはある意味当然で、その逆の状態、変動しやすい、多重人格的な、統一されない人格は目指すべき目標には到底なりえないように思えるでしょう。

しかしながら、多元的循環自己の考え方では、統一され、完成されたただひとつの人格というものは想定されず、人格とは多元的な自己が常にバランスをとる形で統一が保ち続けられているものです。そういう意味で、多元的循環自己においては、たとえ「人格が完成」に近づいたとしても、個人の中に自己もしくは人格の多様性や変動性が常に残されているのです。

よかれと思って行われる、学校における統一された人格を目指すことは、結果的に自己や人格の多様性や変動性を失わせ、自己複雑性によるバッファの少ないスチューデントオンリーアイデンティフィケーションを形成してしまうというマイナスの役割を果たしてしまう危険性があります。いじめや学校での問題によって自殺してしまう子どものニュースを聞くたび、学校での自己はあなたのすべてではないのに、という思いに駆られます。子どもたちが（大人たちも）持つべきなのは、あくまで相互に多少の独立性を持った多様な様相を持つ多元的自己なのです。

そして、教員は、子どもの中には教員の見えない自己があるということを承知しておくべきでしょう。かつて筆者が定時制の学校で教えていたとき、授業やその他、いい加減で評判の悪かった生徒が、アルバイト先のガソリンスタンドでは若いのに今どき珍しいしっかりした若者という評判だったことがありました。筆者自身の教育に関わる者としての自戒を込めて、教員の見ている児童・生徒の姿、すなわち教員との関係性から立ち現れる自己はあくまで彼らの一面に過ぎないことを教員は認識すべきだと思います。

学校の内外での多元的自己を

学校には、本来的には多元的循環自己を育む力があります。国社数理英といった主要教科以外にも、音楽、美術、体育など、さまざまな分野の内容に触れる機会があり、さらには特別活動や部活動など、課外活動も行われ、さまざまな循環自己を形作ることのできる機会に恵まれています。その中で実際にクラブにやりがいを見出したり、好きな教科や得意教科を見つけ出したりして、将来につなげる児童・生徒も多くいることでしょう。

学校生活の中で、自分の得意なことを見つけ、続けること、必ずしも得意でなくても続けられることを見つけることは、子どもたちの多元的な循環自己を形成する重要な機会であり、将来的なアイデンティティの供給源となりうるものです。そういう意味で、学校において子どもたちに多様な活動・経験の機会を提供することは、将来の自己形成やアイデンティティ形成につながる重要な教育活動であり、ますますその機会を増やしていくことが大切でしょう。

学校において多元的自己を形成する機会を、と述べましたが、もちろん多元的自己を形成する機会は学校内だけに限る必要はありません。むしろ今の学校の子どもたちのあり方、スチューデントオンリーアイデンティフィケーション的なあり方からすると、いかに学校の外とつながって循環自己を立ち現わす関係を作るかが、これからの教育の課題といえます。

近年、開かれた学校が標榜され、学校の外の人材と子どもたちが関わる機会が増えています。総合的な学習の時間や地域学習など、学校の外に出る機会も増えています。また、スクールボランティアやスクールインターンシップの学生が学校に入るなど、教員でない大人と関わる機会もかつてに比べるとずいぶん多くなってきました。塾や習い事、学校外のスポーツクラブなど、学校とは違う場所での活動や人間関係も、学校で立ち現れる自己とは異なる自己を形成しうる場所となるでしょう。大学などでは職場体験や企業へのインターンシップの機会も多くなっています。留学もまたしかりで、学校以外の場で立ち現れる自己を作る機会はもっと増えていいと思われます。学校は循環によって立ち現れる自己を形成する重要な場所ではありますが、子どもの自己を形成する場所は学校外でもかまわないのです。

多元的循環自己から見たアイデンティティ形成と職業への移行

最後に、多元的循環自己の観点から、アイデンティティ形成と関連させて職業への移行について考えます。このことは、とりもなおさず多元的循環自己から見たキャリア形成のあり方、もっと長期的な視点でいえば、生涯発達を考えることです。

高校や大学の年代と重なる青年期においては、これまで形成してきたさまざまな循環自己群をもとにしてその後の職業生活においてスムーズな循環を可能にするような自己を形成する必要があります。それがエリクソンのいう青年期のアイデンティティ形成の課題であり、キャリア形成の課題です。その自己形成はこれまでの自己群を基盤にして行われることもあるでしょうし、さまざまな自己群の発展、統合になるかもしれません。かつて甲子園を目指した高校球児が監督として再び甲子園を目指すために教師になったり、故障に苦しんだことから理学療法士になることなどが考えられます。別の大舞台での活躍を目指して俳優を志すかもしれません。

一方で、職業を決定することができず、モラトリアムやアイデンティティ拡散の状態になることもあるでしょう。モラトリアムは、青年期において、さまざまある選択肢の中からひとつを選び取ることができなかったり、それまでの複数の自己としての循環がどれも薄く十分な輪郭を持っていなかったり、今ある循環自己が社会に出てからうまく循環しそうにないものだったりした場合に、これから社会で主として職業人として生きていくにあたってのアイデンティティとして循環自己の軌跡を濃くしていくことができない状態といえます。大倉（2002）は、そのようなモラトリアムとアイデンティティ拡散のありようを、自らも含めた友人との語り合いから詳細に示しています。

大倉（2002）は、自分が何者なのか、何者になりうるのかを決められないまま行動できなかったり、さまざまなことに精力的に取り組みつつも空虚感を抱いて先に進めずにいたりする青年の姿をリアルに浮かび上がらせています。彼らはさまざまにある自分の可能性の前で、どの循環を重ねていけばいいのかを決められず、結局どの循環も中途半端のまま、アイデンティティを十分に感じられる自己が立ち現れない状態にあり、アイデンティティ拡散に苦しんでいました。

多元的循環自己から考えると、職業選択の際の困難が見えてきます。高校や大学で勉強やクラブに一生懸命取り組み、それなりに自分らしさを感じられる循環を作り出していたとしても、多くの場合、社会に出て仕事を始める際には、新しい仕事、新しい人間関係、新しい役割で循環を作り出していかなければなりません。

その際、それまでの循環がしっかりできていれば、つまり、スポーツ、勉強、重要な他者との人間関係など、自分らしさを感じられる循環を濃く持てていれば、その循環をベースキャンプにして、仕事への移行において別の循環の軌跡を重ねていくことができやすいでしょう。キャリア教育を研究する下村（2009）は、アルバイトでもサークルでもボランティアでも、何かに熱心に取り組む学生は大学の成績もよく、就職活動にも熱心に取り組み、成功すると述べています。これは、社会に出て働くまでに、好循環の軌跡を重ねている人は、新しい人間関係、新しい仕事に移行するにあたっても、それまでの好循環を重ねた自己をベースキャンプにして好循環を重ねる確率が高いと考えられます。

しかしながら、それまでの循環がうまくいっていない場合、たとえばそれまでに人間関係でつまずいていたり、勉強に関する劣等感があったり、大学での勉強は一生懸命やってきたけれど、サークルなどの活動やさまざまな人間関係に付随するコミュニケーションを十分経験していなかったりする場合には、仕事への移行が難しくなる可能性が高いでしょう。職場における新しい循環をどのように重ねたらいいかわからず、循環のブレが大きくなって、定まった自己像を認識することができなかったり、外面を関係によってコロコロと変えねばならず、それによって自分らしさを感じられず、自分を認めてもらえないと感じたりすることで、その循環から離脱、つまり離職してしまったりする危険性が高まるのです。

ひきこもり経験者の支援活動を行う民間団体「わたげ」を十五年以上にわたり調査した荻野（2008, 2013）は、ひきこもり者のためのフリースペースから始まった「わたげ」の支援において、ひきこもりの人が十分に経験してこなかった遊びや人との関わりを構築することが、当人が動き出すための土台として働くことを指摘しています。

荻野（2008）がインタビューしたひきこもり経験者は、「人と関わってなかったその失われた時間を、こう、わたげでいろいろ体験したり人と遊んだりすることによって、埋めることによって、……そこが満たされることによって次に進めるっていうのは、ずっと今までわたげに来ていてわかった」と語ります。それを受けて荻野は、「『仲間』、言い方を変えればより親密な〈かかわり〉の構築が、『欲』あるいは『欲求』を形成し、様々なことへの挑戦を可能にする。その部分が抜けていると、一見先に進んでも、さらにいえば一般的にはゴールとされているようなこと（筆者注：就労）に加わっても，結局は継続ができない。だから，難しいのではあるが，『仲間作り』をやってもらいたいとなる」（p. 172）と支援者としての経験をまとめています。そして，このような遊びと人との関わりの経験が，ひきこもり経験者にとって（だけではなく，おそらく誰でも），この社会で生きていけるだけの「自己」，生きていく上での選択をなしうる「自己」の輪郭となるものとして求められていると述べられています。

荻野が，はからずも自己の「輪郭」と述べたように，「現実的に他者と関われるような，あるいは関われるぐらいまでの確かさを持った自分」（p. 154）は，人との〈かかわり〉，――それは遊びや，場所や時間を共に過ごすだけでも満たせる――の経験を繰り返し持つことによって循環的に立ち現れてくるものなのでしょう。

社会に出ることや就職という，それまでの進学などとは比較にならないほど大きな移行にあたって，新しい循環がうまくいかなくなることは避けられません。それでも，それまで自分が重ねている循環をより濃くしておくこと（勉強でも友人関係でも，クラブ活動やサークル活動などでも），そして社会に出て働くにあたって必要とされる循環を少しでも経験しておくこと（アルバイトやインターンシップなど）によって，働くという新しい循環をうまく重ねることができると思われます。

職に就いてからも，新しい循環の軌跡が重なって新しい自分として認識されるまでには，ある程度の時間をかけた行動とコミュニケーションが必要になります。はじめは大きくぶれた循環を描いてしまう可能性があること，つまりは自分のやるべき役割をうまく見つけられないこと，それによって自分の輪郭が見えず，自分らしさを感じられないことがあること，それでもすぐに結論を出さず，「石の上にも三年」といったお決まりのことわざのごとく，少し我慢して続けることなど，多元的循環自己から仕事への移行を考えると、さまざまな教訓が得られます。

最後に、職業はアイデンティティ形成において重要な役割を果たしますが、多元的循環自己の観点からいえば、職業が決まればアイデンティティが形成されるわけではないことを指摘しておきます。そのような単純化は一元的自己観の最たるものです。多元的循環自己の考え方は、職業も含めて私たちがどのように人生という道程を、多元的な自己をバランスよく配置しながらたどっていくかを問題とするのです。

自己概念を中心としたキャリア発達のあり方を心理学的に研究したスーパーは、人は生涯のそのときそのとき（ライフスパン）において、複数の役割を担っており（ライフスペース）、ライフスパンの中でどのようにライフスペースを構成していくかが個々のキャリア形成を説明すると考えました。私たちは子どもとして人生を開始し、学生としての役割を加え、労働者となり、さらには家庭人（親）として、市民として、余暇人として、複数の役割を個々人でバランスをとりながら、自らの人生すなわちキャリアを形成していくというのです（岡田 2003：Super 1990 など）。スーパーはこのキャリア形成のあり方をライフキャリアレインボーという虹の形で表現しています。私たちはいわば人生の中で七色の自己概念を持ち、その役割を人生のそのときそのときでバランスをとって果たしていくのです。

多元的循環自己の考えにおいてもまた、それまでの人生の中で形作ってきた（そして今も形作っている）多元的な循環自己をライフスパンとライフスペースにバランスよく配置しながら生きていくことが求められます。岡田（2003）がいうように、仕事での役割は現代社会における非常に重要な役割ではありますが、個人が占める多くの役割のひとつにすぎません。多元的循環自己の概念図（図3－1：p.44）はちょうど花のような形をしています。スーパーの表現に似せるなら、私たちはライフキャリアフラワーともいえる多様で多元的な循環自己を形成し、ときに最適なバランスへとその花の形を変容させ、人生を生きていくことが求められるのです。

引用文献

Abramson, L. Y., Seligman, M. E. P., & Teasdale, J. 1978 Learned helplessness in humans: Critique and reformuration. *Journal of Abnormal Psychology*, 87, 49-74.

Anderson, H., & Goolishan, H. 1992 The client is the expert. In McNamee, S., & Gergen, K. J.（Eds.）*Therapy as social construction*. Sage Publication.（野口裕二・野村直樹 訳 1997「クライエントこそ専門家である」マクナミー・S／ガーゲン・K・J 編『ナラティヴ・セラピー――社会構成主義の実践』金剛出版）

浅野智彦 1999「親密性の新しい形へ」富田英典・藤村正之 編『みんなぼっちの世界』恒星社厚生閣

浅野智彦 2001『自己への物語論的接近――家族療法から社会学へ』勁草書房 194.

浅野智彦 2005「物語アイデンティティを越えて?」上野千鶴子 編『脱アイデンティティ』勁草書房 77-101.

Bateson, G. 1972 *Steps to an ecology of mind*. Chandler Publishing Company.（佐藤良明 訳 2000『精神の生態学』（改訂第二版）新思索社）

Bateson, G. 1979 *Mind and nature*. Dutton Adult.（佐藤良明 訳 2001『精神と自然』（改訂版）新思索社）

Beck, A. T. 1976 *Cognitive therapy and the emotional disorders*. International Universities Press.（大野裕 訳 1990『認知療法――精神療法の新しい発展』（認知療法シリーズ）岩崎学術出版社）

Bruner, J.　1985　*Actual minds, possible worlds*. Harvard University Press.（田中一彦 訳　1998『可能世界の心理』みすず書房）

Burke, P. J.　1991　Identity processes and social stress. *American Sociological Review*, 56, 836–849.

Burr, V.　1995　*An introduction to social constructionism*. Routledge.（田中一彦 訳　1997『社会的構築主義への招待――言説分析とは何か』川島書店）

Butler, R. N.　1963　The life review : An interpretation of reminiscence in the aged. *Psychiatry*, 26, 65–76.

Cecchin, G.　1992　Constructing therapeutic possibilities. In McNamee, S., & Gergen, K. J.（Eds.）*Therapy as social construction*. Sage Publication.（野口裕二・野村直樹 訳　1997「治療を拡げる新しい可能性」マクナミー・S／ガーゲン・K・J 編『ナラティヴ・セラピー――社会構成主義の実践』金剛出版）

Ellis, A.　1988　*How to stubbornly refuse to make yourself miserable about anything –Yes, anything!* Lyle Stuart Inc.（國分康孝・石隈利紀・國分久子 訳　1996『どんなことがあっても自分をみじめにしないためには――論理療法のすすめ』川島書店）

遠藤由美　2008「自己と記憶と時間――自己の中に織り込まれるもの」佐藤浩一・越智啓太・下島裕美 編著『自伝的記憶の心理学』北大路書房　128–137.

Erikson, E. H.　1963　*Childhood and society*.（Second edition.）W. W. Norton & Company.（仁科弥生 訳　1977『幼児期と社会1』みすず書房）

Erikson, E. H.　1967　*Dialogue with Erikson*. Harper & Row, Publishers, Inc.（岡堂哲雄・中園正身 訳　1981『エリクソンは語る――アイデンティティの心理学』新曜社）

Erikson, E. H.　1982　*The life cycle completed*. W. W. Norton & Company.（村瀬孝雄・近藤邦夫 訳　1989『ライフサイクル、その完結』みすず書房）

福岡伸一　2007　『生物と無生物のあいだ』　講談社

福岡伸一　2009　『動的平衡　生命はなぜそこに宿るのか』　木楽舎

船津衛　2009　「創発的内省理論の展開」『放送大学研究年報』　Vol. 27　63-73.

Gergen, K. J., & Kaye, J.　1992　Beyond narrative in the negotiation of therapeutic meaning. In McNamee, S., & Gergen, K. J.（Eds.）*Therapy as social construction.*　Sage Publication.　（野口裕二・野村直樹 訳　1997　「ナラティヴ・モデルを越えて」　マクナミー・S／ガーゲン・K・J 編　『ナラティヴ・セラピー――社会構成主義の実践』　金剛出版）

Giddens, A.　1991　*Modernity and self-Identity: Self and society in the late modern age.* Polity Press.　（秋吉美都・安藤太郎・筒井淳也 訳　2005　『モダニティと自己アイデンティティ――後期近代における自己と社会』　ハーベスト社）

Goffman, E.　1959　*The presentation of self in everydaylife.* Doubleday Anchor.　（石黒毅 訳　1974　『行為と演技――日常生活における自己呈示』　誠信書房）

長谷川啓三　1987　『家族内パラドックス――逆説と構成主義』　彩古書房

長谷川啓三　2005　『ソリューション・バンク――ブリーフセラピーの哲学と新展開』　金子書房

Hermans, H. J. M., & Kempen, H. J. G.　1993　*The dialogical self: Meaning as movement.*　San Diego: Academic Press.　（溝上慎一・水間玲子・森岡正芳 訳　2006　『対話的自己――デカルト／ジェームズ／ミードを超えて』　新曜社）

Hill, N.　1988　*Think and grow rich.*　（田中孝顕 訳　1999　『思考は現実化する』　きこ書房）

平野啓一郎　2012　『私とは何か――「個人」から「分人」へ』　講談社

Hoffman, L. A.　1992　Reflexive stance for family therapy. In McNamee, S., & Gergen, K. J.（Eds.）*Therapy as*

Social Construction. Sage Publication.（野口裕二・野村直樹 訳「家族療法のための再帰的始点」マクナミー・S／ガーゲン・K・J 編 1997『ナラティヴ・セラピー――社会構成主義の実践』金剛出版）
堀之内九一郎 2004『どん底からの成功法則』サンマーク出版
池谷裕二 2001『記憶力を強くする』講談社
伊藤拓・上里一郎 2001「ネガティブな反すうとうつ状態の関連性についての予測的研究」『カウンセリング研究』Vol. 35 40-46.
James, W. 1892 *Psychology: Briefer Course.*（今田寛 訳 1992『心理学』（上）岩波書店）
Josselson, R. L. 1973 Psychodynamic aspects of identity formation in college women. *Journal of Youth and Adolescence,* 2, 3-52.
Kabat-Zinn, J. 1990 *Full catastrophe living.* Delta.（春木豊 訳 2007『マインドフルネスストレス低減法』北大路書房）
梶田叡一 2016「現代社会におけるアイデンティティ――マルチな在り方と新たな統合の道と」梶田叡一・中間玲子・佐藤徳 編著『現代社会の中の自己・アイデンティティ』金子書房
加藤邦宏 1981『コーポレート・アイデンティティ――企業のイメージ戦略「CI」のすべて』日本能率協会
河合俊雄 1998『概念の心理療法――物語から弁証法へ』日本評論社
河本英夫 1995『オートポイエーシス――第三世代システム』青土社
北西憲二 2001『我執の病理――森田療法による「生きること」の探究』白揚社
北西憲二 2005「森田療法の基本的理論」北西憲二・中村敬 編著『森田療法』ミネルヴァ書房 20-39.
古賀稔彦 2001『古賀稔彦――世界を獲った男、その生き方』東京学参
Laing, R. D. 1961 *Self and others.* Tavistock Publication.（志貴春彦・笠原嘉 訳 1975『自己と他者』みすず

書房）

Linville, P. W.　1987　Self-complexity as a cognitive buffer against stress-related illness and depression. *Journal of Personality and Social Psychology*, 52, 663-676.

槇洋一　2008「ライフスパンを通じた自伝的記憶の分布」　佐藤浩一・越智啓太・下島裕美 編著『自伝的記憶の心理学』　北大路書房　76-89.

Markus, H.　1977　Self-schemata and processing information about the self. *Journal of Personality and Social Psychology*, 35, 63-78.

Markus, H., & Kunda, Z.　1986　Stability and malleability in the self-concept in the perception of others. *Journal of Personality and Social Psychology*, 51, 858-866.

松村明 編　2006『大辞林』第三版　三省堂

Mead, G. H.　1934　*Mind, self, and society: From the standpoint of a social behaviorist*. University of Chicago Press.（河村望 訳　1995『デューイ＝ミード著作集６　精神・自我・社会』　人間の科学社）

溝上慎一　2008『自己形成の心理学――他者の森をかけ抜けて自己になる』　世界思想社

森岡正芳　1995『こころの生態学――臨床人間科学のすすめ』　朱鷺書房

森田正馬　2004『新版 神経質の本態と療法』　白揚社

森田正馬　2008『新版 神経衰弱と強迫観念の根治法』　白揚社

中込四郎　1993『危機と人格形成――スポーツ競技者の同一性形成』　道和書院

Nicholls, J. G.　1989　*The competitive ethos and democratic education*. Harvard University Press.

Nightingale, R.　1987　*Earl Nightingale's greatest discovery*. Dodd Mead.（田中孝顕 訳　2008『人間は自分が考えているような人間になる』　きこ書房）

西平直　1993『エリクソンの人間学』東京大学出版会

西本実苗　2006「阪神・淡路大震災10年後における『人生観』の変化に関する報告」『日本心理学会第70回大会発表論文集』320.

野村信威　2008「高齢者における回想と自伝的記憶」佐藤浩一・越智啓太・下島裕美 編著『自伝的記憶の心理学』北大路書房　163-174.

緒方明　1996『アダルトチルドレンと共依存』誠信書房

荻野達史　2008「『ひきこもり』と対人関係――友人をめぐる困難とその意味」荻野達史・川北稔・工藤宏司・高山龍太郎 編著『「ひきこもり」への社会学的アプローチ――メディア・当事者・支援活動』ミネルヴァ書房

荻野達史　2013『ひきこもり　もう一度、人を好きになる――仙台「わたげ」、あそびとかかわりのエスノグラフィー』明石書店

岡田昌毅　2003「ドナルド・スーパー――自己概念を中心としたキャリア発達」渡辺美枝子 編著『キャリアの心理学』ナカニシヤ出版　1-22.

小此木啓吾　1981『モラトリアム人間の時代』中央公論新社

大倉得史　2002『拡散 diffusion――アイデンティティをめぐり、僕たちは今』ミネルヴァ書房

Pillemer, D.　1998　*Momentous events, vivid memories*. Cambridge University Press: Cambridge.

Rubin, D. C., Wetzler, S. E., & Nebes, R. D.　1986　Autobiographical memories across the lifespan. In Rubin, D. C.（Ed.）*Autobiographical memory*. Cambridge University Press, 202-221.

斎藤環　1998『社会的ひきこもり――終わらない思春期』ＰＨＰ研究所

坂本真士　1997『自己注目と抑うつの社会心理学』東京大学出版会

Sarbin, T. R.　1986　The narrative as root metaphor for psychology. Sarbin, T. R.（Ed.）*Narrative psychology : The storied nature of human conduct*. New York : Praeger.（長田久雄 訳　1991「心理学の根元的メタファーとしての語り」田中一彦 編『現代のエスプリ 286　メタファーの心理』至文堂）
佐藤浩一　2008「自伝的記憶の機能」佐藤浩一・越智啓太・下島裕美 編著『自伝的記憶の心理学』北大路書房　60-75.
Segal, Z. V.　2002　Williams, J. M. G., & Teasdale, J. D. *Mindfulness-based cognitive therapy for depression : A new approach to preventing relapse*. The Guilford Press.（越川房子 監訳　2007『マインドフルネス認知療法――うつを予防する新しいアプローチ』北大路書房）
Seligman, M.　1990　*Learned optimism*. Knopf.（山村宜子 訳　1994『オプティミストはなぜ成功するか』講談社）
Seligman, M. E. P., & Maier, S. F.　1967　Failure to escape traumatic shock. *Journal of Experimental Psychology*, 74, 1-9.
Shavelson, R. J., Hubner, J. J., & Stanton, G. C.　1976　Self-concept: Validation of construct interpretations. *Review of Educational Research*, 46, 407-441.
下村英雄　2009『キャリア教育の心理学――大人は、子どもと若者に何を伝えたいのか』東海教育研究所
杉村和美　1999「現代女性の青年期から中年期までのアイデンティティ発達」岡本祐子 編著『女性の生涯発達とアイデンティティ――個としての発達・かかわりの中での成熟』北大路書房　55-86.
杉田峰康　1976『人生ドラマの自己分析――交流分析の実際』創元社
杉浦健　1996a「スポーツ選手としての心理的成熟理論構築の試み」『京都大学教育学部紀要』Vol. 42　188-198.
杉浦健　1996b「クラスの学習目標の認知が原因帰属と期待・無気力感に及ぼす影響について」『教育心理学研究』Vol. 44　No.3　269-277.

杉浦健　2001a　「生涯発達における転機の語りの役割について」『近畿大学教育論叢』　Vol. 12　No. 2　1-29.

杉浦健　2001b　「人生という物語（life story）の創造のプロセスとしての転機」『近畿大学教育論叢』　Vol. 13　No.2　33-51.

杉浦健　2001c　「大学生の人生の転機と自己形成」　溝上慎一 編　『大学生の自己と生き方』　ナカニシヤ出版

杉浦健　2004　「転機の経験を通したスポーツ選手の心理的成長プロセスについてのナラティブ研究」『スポーツ心理学研究』　Vol. 31　No.1　23-34.

杉浦健　2005　『転機の心理学』　ナカニシヤ出版

杉浦義典　2008　「治療過程におけるメタ認知の役割」　『現代のエスプリ 497　内なる目としてのメタ認知』　至文堂　130-141.

Super, D. E.　1990　A life-span, life-space approach to career development. In D. Brown & L. Brook (Eds.) *Career choice and developmennt: Applying contemporary theories to practice*. San Francisco:Jossey Jossey-Bass. 197-261.

Taylor, S., & Brown, J. D.　1994　Positive illusion and well-being revisited: Separating fact from fiction. *Psychological Bulletin*, 116, 21-27.

Teasdale, J. D.　1985　Psychological treatments for depression: How do they work? *Behaviour Research and Therapy*, 23, 157-165.

Teasdale, J. D., & Dent, J.　1987　Cognitive vulnerability to depression: An investigation of two hypotheses. *British Journal of Clinical Psychology*, 26, 113-126.

唐渡雅行　2010　『うつ病診療最前線』　時事通信出版局

辻大介　1999　「若者のコミュニケーションの変容と新しいメディア」　橋元良明・船津衛 編　『子ども・青少年と

コミュニケーション』 北樹出版

辻大介 2004 「若者の親子・友人関係とアイデンティティ――16～17歳を対象としたアンケート調査の結果から」『関西大学社会学部紀要』 Vol. 35 No. 2 147-159.

Wegner, D. M. 1994 *White bears and other unwanted thoughts: Suppression, obsession, and the psychology of mental control*. Guilford.

Weiner, B. 1974 *Human motivation*. Springer.（宮本美沙子・林 保 訳 1989『ヒューマン・モチベーション――動機づけの心理学』 金子書房）

White, M., & Epston, D. 1990 *Narrative means to therapeutic ends*. W. W.Norton & Company.（小森康永 訳 1992『物語としての家族』 金剛出版）

Wiener, N. 1948 *Cybernetics: Or control and communication in the animal and the machine*. The MIT Press.（池原止戈夫・彌永昌吉・室賀三郎・戸田巌 訳 2011『ウィーナー サイバネティックス――動物と機械における制御と通信』 岩波書店）

山田剛史 2005 「システム論的自己形成論――複雑系とオートポイエーシスの視点から」 梶田叡一 編 『自己意識研究の現在（2）』 ナカニシヤ出版 183-202.

やまだようこ 2000 「人生を物語ることの意味――ライフストーリーの心理学」 やまだようこ 編著 『人生を物語る――生成のライフストーリー』 ミネルヴァ書房 1-38.

矢野智司 1996 『ソクラテスのダブルバインド――意味生成の教育人間学』 世織書房

吉川悟 1993 『家族療法――システムズアプローチの「ものの見方」』 ミネルヴァ書房

あとがき

本書で言いたかったことを一言で表すなら、「私たちの感じる自己というものが、他者や外界との相互作用、すなわち循環によって今も立ち現れ続けているプロセス的存在であるということ、そしてそれは一元的なものではなく、多元的なものである」ということに尽きます。そして、そのような自己に対する見方を提供するために本書はあります。

私は心理学の理論は、ひとつのものの見方であると思っています。そして新しい理論を作るということは新しいものの見方を提供することであると思います。

私自身、困難や悩みを抱えたときには、しばしばものの見方が一面的になる傾向があります。今でも、困難や悩みにぶつかるたび、今の状態がこのままずっと続く固定したものではないかという心情になることがあります。そんなとき、本書の自己モデルを思い出して、そんな見方を否定し、対処をなんとか考えています。

本書の理論である多元的循環自己から導き出されるように、残念ながら問題はすぐに解決しないことの方が多いです。どんなに変えたい自分もすぐには変わりません。しかしながら、新たな自分を作っていくには時間がかかるもので、すぐに変わらなくてもいい、また、どんなにしんどい状況におかれた自分でも、それは多くの中の自分のひとつであり、本当に大変なら逃げてもいい、そんな余裕と逃げ道が自己形成にあることを、ものの見方として多くの人に提供できればと思っています。

本書の構想は、すでに書いたように、二〇〇四年に『転機の心理学』を執筆したころからぼんやりとありました。特に自己が常に変わり続けるプロセス的存在であること、現在の自己の状態と語りに循環的関係があることは、『転機の心理学』においてすでに言及しています。本書でも書きましたが、多元的循環自己は自己をその変化からとらえた理論であり、その意味で私の中では、本書は『続・転機の心理学』です。

長く考えてきたこともあって、本書はこれまで書きためていた論文が下敷きになっており、以下の論文・論稿に加筆修正し、書下ろしを加え、再構成したものです。

第1章・第2章
「循環運動から立ち現れる自己――自己の動的循環プロセスモデル」『近畿大学教育論叢』Vol. 19 No.2 63-79. 近畿大学教職教育部 2008

第3章
「循環によって立ち現れる多面的自己のプロセスモデル」『近畿大学教育論叢』Vol. 25 No.1 1-27. 近畿大学教職教育部 2013

第5章
「『循環によって立ち現れる多面的自己のプロセスモデル』から心理療法を考える」『近畿大学教育論叢』Vol. 25 No.2 15-40. 近畿大学教職教育部 2014

第6章
「循環によって立ち現れる多面的自己から考えるセルフコントロール」『近畿大学教育論叢』Vol. 26

No. 2 27-47. 近畿大学教職教育部 2014
第7章 第1節
「転機の語り――転機の語りと生涯発達の実相」 佐藤浩一・越智啓太・下島裕美 編著『自伝的記憶の心理学』 北大路書房 150-162. 2008

十数年、似たようなことをぐるぐると考えてきました。ゆっくりとした歩みでしたが、ちょうど自己が立ち現れるように、考え続けてきたことでようやっと、このように輪郭を持った一冊の書籍にまとめることができました。金子書房の池内邦子さんには、出版企画・編集でお世話になりました。梶田叡一先生には、学生時代から面白い考えをしていると評価していただき（私のみならず、そうやって多くの人をだまして思い込ませて（笑）、育ててこられたのでしょう）、その思い込みをもとに紆余曲折の研究者生活をここまで続けることができました。本当に感謝の言葉もありません。自分もそうやって、人を育てていきたいと思っています。

[著者略歴]

杉浦　健（すぎうら　たけし）

1967 年静岡県浜松市生まれ。京都大学教育学研究科博士後期課程修了（教育学博士）。
京都市立洛陽工業高等学校定時制にて常勤講師（国語）を経験。その後、近畿大学教職教育部へ奉職。現在、近畿大学教職教育部教授。京都市在住。小学校より陸上競技長距離に取り組み、現在は地元の小学生に陸上競技をボランティアで教えている。

主要著書

『転機の心理学』（ナカニシヤ出版　2004），『スポーツ選手よ　強くなるには「哲学」を持て！――折れないこころをつくるメンタルトレーニング』（山海堂　2005），『スポーツ心理学者が教える　働く意味の見つけ方』（近代セールス社　2009），『もっとおいしい授業の作り方』（ナカニシヤ出版　2015）

多元的自己の心理学
——これからの時代の自己形成を考える

2017年11月29日　初版第1刷発行　〔検印省略〕

著　者　杉浦　健
発行者　金子紀子
発行所　株式会社　金子書房
〒112-0012　東京都文京区大塚3-3-7
TEL 03-3941-0111（代）　FAX 03-3941-0163
振替　00180-9-103376
URL　http://www.kanekoshobo.co.jp
印　刷　藤原印刷株式会社
製　本　株式会社宮製本所

ISBN978-4-7608-2841-8　C3011